そろそろ、部活のこれからを話しませんか

未来のための部活講義

中澤篤史
Atsushi Nakazawa

大月書店

まえがき

みなさん、そろそろ、部活のこれからを話しませんか。

柔道部で死亡事故が相次いでいる。高校バスケ部で体罰事件が起きて生徒が自殺した。「ブラック部活」で顧問教師は負担に押しつぶされる。部活でのいじめや暴力が止まらない……。

ここ数年で、絶望してしまいそうになるほど、部活の深刻な問題が一挙にメディアを席巻《せっけん》した。目を覆《おお》いたくなるような部活の姿が、テレビや新聞で報道されたり、耳をふさぎたくなるような部活の話が、ブログやツイッターやＹａｈｏｏ！知恵袋で語られたりしている。

いったい部活はどうしたのか。そして、これから部活をどうしていけばいいのか。部活の悪いところが取り上げられれば取り上げられるほど、すぐにでも何とかしなければと思いつつ、部活の良いところが見えづらくなって、部活の未来が心配になってくる。

だから、そろそろ、部活のこれからを考えるべきじゃないか。部活を好きな人も嫌いな人も、みんなで、部活のこれからを話しはじめるべきじゃないか。そのきっかけになってほしいと思って、私は本書を通じてみなさんに、部活について話してみたい。

私が話し相手に想定している「みなさん」とは、文字どおり、部活に関心を持つすべての人だ。もちろん教師や指導者や保護者と話したいし、大学生や高校生や中学生とも話したい。部活を好きな人、嫌いな人、どちらとも言えない人、部活の当事者ではないみなさんに向けても、話してみたい。

本書で私は、部活にまつわるいろいろなトピックを取り上げながら、部活そのものを丸ごと解説する。誰にでもわかるように、特定の立場だけに偏《かたよ》らないように、できるだけ開かれた形で話すつもりだ。なぜなら、そうすることが、「部活のこれから」のために大切だと思うからだ。「部活のこれから」を新しくつくっていくことは大変で、大勢の人を巻き込むことが必要だ。そのためには、部活に関心を持つすべての人が共有できる、まとまった情報源があるべきだ。本書がそうした拠《よ》り所になってほしいと、私は願っている。

●

では、「部活のこれから」を、どのように考えていけばいいか。本書の大きな特徴は、「いったい部活とは何なのか」と、部活を丸ごと疑うところから話をスタートすることだ。

多くの人にとって、部活は当たり前の存在だ。学校に部活があるのは当たり前だし、生徒は部活に入るのが当たり前だし、教師は部活の顧問になるのが当たり前だ。入りたい部活が学校にないと、がっかり感はハンパない。部活をやめた生徒も「帰宅部に入った」と言われるくらい、部活は学校生活全体を包み込んでいる。もし教師が顧問を拒否なんてしたら、周りから大ブーイングで炎上必至だ。それほど部活はみんなにとって当たり前の存在になっている。だから、部活を丸ごと疑うことはなかなかできない。「部活とは何か？」と問われても、「部活は……やっぱり部活でしょ」と思うだけで、その先に進めない。

しかし、実は部活は当たり前じゃない。部活は法律で決まっているわけではないし、カリキュラムにも含まれないのに、日本中の学校でおこなわれている。部活のタテマエは「自主的」な活動なのに、生徒や教師がみんな好きこのんで参加しているわけでもない。部活を廃止して地域社会に移そうと何度も検討されたのに、そのたびに失敗してきた。さらに、海外の学校には日本のような部活はない。部活は日本独特の文化なのだ。

そう、当たり前に思えた部活には、知っているようで知らない不思議がたくさんある。部活はなぜ成立しているのか。いつ始まったのか。なぜ拡大したのか。いまどうなっているのか。こうした不思議に向き合い、部活というものを丸ごと理解したうえで、「部活のこれから」を考えるのが本書のストーリーだ。

本書は、部活の不思議を解きほぐすことを通して、ちょうど大学の講義のように、部活をアカデミックに考える（大学の講義に脱線はつきものなので、コラムもたくさん用意した）。と言っても、難しい概念《がいねん》や理論なんて必要ない。必要なことは、事実と論理にもとづいて、深く広くじっくりと考えてみることだ。

部活は当たり前じゃないということは、部活の未来にはまだ希望があるということでもある。絶望してしまうほどの問題を抱える目の前の部活の姿は、唯一絶対の姿ではなく、違った姿がありえるし、変えていける可能性がある、ということだからだ。部活の未来をつくっていくために、みなさんと徹底的に話したい。

さあ、未来のための部活講義を始めよう。

そろそろ、
部活のこれからを
話しませんか

目次

コラム

第1章

なぜ部活は成立しているのか

はじめに、部活があることの不思議を考えよう。
当たり前に思える部活には、
知っているようで知らない不思議がある。
そもそも、なぜ部活は成立しているのか。
部活そのものを丸ごと疑ってみるところから、
本書をスタートしよう。

1　部活があることの不思議

●カリキュラムに含まれない課外活動

日本では、ほぼすべての中学校・高校に部活がある。9割の中学生、7割の高校生が、部活に入っている。そして9割の教師が、部活の顧問に就《つ》いている。部活は、当たり前の存在になっている。

しかし部活は、成立していること自体が不思議だ。そう考えられる理由を順に見ていこう。まず、部活はカリキュラムに含まれない課外活動であるにもかかわらず、成立している。

カリキュラムとは、学校教育で児童・生徒が学習すべき内容をまとめた教育課程のことだ。カリキュラムの中身は、文部科学省が学習指導要領で定めている。中学校の場合だと、各教科（国語、社会、数学、理科、音楽、美術、保健体育、技術・家庭、外国語）、道徳、総合的な学習の時間、特別活動だ。

しかし部活は、ここに含まれておらず、教育課程の外にある活動、つまり課外活動になっている。簡単に言うと、部活は授業ではない。

　部活を授業と比較してみよう。授業は教育課程の中心にあり、その内容や計画、人材は、制度的にきちんと決められている。授業で教える内容は学習指導要領で決まっていて、それをふまえた教科書が用意されている。それぞれの授業を週に何時間おこなうか、年間スケジュールをどうするかも、教育委員会や学校が公式に定めている。授業を担う教師は、大学での教員養成課程を受けて、専門教科の教員免許を取得し、その資質と能力を採用試験で審査されて、やっと授業をおこなうことができる。

　授業は制度的に決められているので、生徒の側から見れば、好きでも嫌いでも受けなくてはならない。どんな生徒も、中学1年生になれば、数学の授業で方程式を学ばなければならない。「ああ、僕も中学生になったし、方程式を解いてみたいなぁ」なんて思う生徒はいるわけがないのだから、生徒の気持ちとは別に、授業はおこなわれる。

　しかし、部活は違う。部活の内容や形式や人材は、制度的に決まっているわけではない。どんな部を設置するか、どんな活動をするかが、全国一律に決まっているわけではない。同じ種類の部活でも、地域によって学校によって、活動内容は違うし、活動日数も違う。

　部活の指導や運営を任された顧問教師も、教科書やマニュアルを手に入れることはできない。さかのぼれば、教師になる前の大学での教員養成課程で、部活について学んだわけでもない。教師は現場に出て初めて、部活指導を手探りで模索《もさく》することになる。

こうして見ると部活は、制度と呼ぶことができないほどあいまいな中で成立してきた。制度が決めたから存在したわけではなく、現場であしようこうしようと考えながら、それがなんとなく積み重なって、部活は成立してきた。部活は、いわば慣習なのだ。

●法律の中の部活

部活の制度的なあいまいさは、法律にも表れている。とても意外なことだが、「部活をしなさい」ということをストレートに命じる法律はないのだ。少し専門的な話になるが、部活の法律基礎知識を解説しておこう。

そもそも教育は何をすべきか、学校は何をすべきかの大本《おおもと》の法的根拠は、すべての法律と同じように、日本国憲法にある。そこに「すべて国民は、法律の定めるところにより、その保護する子女に普通教育を受けさせる義務を負ふ。義務教育は、これを無償とする。」(日本国憲法第26条第2項)と書いてある。

これを受けて教育基本法が、授業料を無償とした義務教育のあり方を決めている。それを受けて、学校教育法が、中学校の教育の具体的なあり方を決めている。さらにその中で、学校教育法施行令および施行規則が、詳細を定めている。そして、それらの法体系の中で最後に、学習指導要領がつくられている。

まとめると、日本国憲法＞教育基本法＞学校教育法＞学校教育法施行令・施行規則＞学習指導要領という法体系で、学校のすべきことが決められている。

その中で、部活はどう書かれているのか。日本国憲法に書かれていないのは当然としても、教育基本法にも学校教育法にも、施行令・施行規則にも、部活のことは書かれていない（2016年時点）。最後の学習指導要領で、ようやく次のように書かれている。

「生徒の自主的、自発的な参加により行われる部活動については、スポーツや文化及び科学等に親しませ、学習意欲の向上や責任感、連帯感の涵養《かんよう》等に資するものであり、学校教育の一環として、教育課程との関連が図られるよう留意すること。その際、地域や学校の実態に応じ、地域の人々の協力、社会教育施設や社会教育関係団体等の各種団体との連携などの運営上の工夫を行うようにすること。」（『中学校学習指導要領』第1章　総則　第4(13)）

なんだかよくわからない書き方だが、部活は「生徒の自主的、自発的な参加により行われる」と書いてある。大前提として、部活は「自主的」な活動だ。

続いて、部活には「学習意欲の向上や責任感、連帯感の涵養」といった教育的効果があると書いてある。そして、「学校教育の一環として、教育課程との関連が図られるよう留意」とも書いてある。

つまり、学習指導要領に書かれていることは、もし「自主的」に部活をするならば、それは教育にとって良いことなので、きちんと留意しなさいよ、という、部活の意義と注意点だ。「部活をしなさい」とは書かれていない。学習指導要領でも、やはり部活は、ストレートに命じられていないのだ。

ただし、「部活をしなさい」と命じる法律はないと言っても、間接的に部活にふれた法制度や自治体の取り組みは他にもある。日本スポーツ振興センター法および施行令でつくられた災害共済給付制度は、事故が起きた時に生徒にお金を給付する「学校管理下の活動」に、部活を含めている。また、部活の対外試合で引率した場合などに、顧問教師に支払われる手当の額などは、国の基準で定められている。自治体によっては、独自の部活手当を顧問教師へ支給したり、部活の競技成績を入試に活用したりする場合もある。

やはりこれらも、「部活をしなさい」とストレートに命じているものではない。これらは、もし部活をするならば、事故補償をしますよ、手当を出しますよ、とあくまで間接的に部活を後追いしたものだ。

部活は、法律や制度として成立しているわけではなく、あくまで「自主的」な現場の慣習として、成立しているのだ。

●生徒や教師が望んでいるとは限らない

「部活をしなさい」という法律や制度がないということは、生徒や教師は望んで勝手に部活をおこなっているのだろうか。学習指導要領に書いてあるように、部活は本当に「自主的」におこなわれているのだろうか。そうとは言い切れない。

まず、生徒が望んでいるとは限らない。嫌々《いやいや》部活に参加している生徒がいることは、誰もが知っている。生徒の「自主性」によって部活が成立しているわけではない。

もちろん、生徒の中には部活を望む生徒はいるし、自分から部活に入ろうとする生徒もいる。しかし実際は、もし生徒が部活をしたいと思っても、学校や教師の協力がなければ、部活は成り立たない。たとえば、学校が許可してくれないと活動場所を確保できないし、教師が顧問に就いてくれないと、部として認めてもらえない。

それに公立学校の場合だと、顧問教師が他校へ異動して、部が廃止されてしまうこともある。顧問教師がいないと、日々の活動はもちろん、大会やコンクールにも参加できないからだ。しかし教師の異動は、部活を担当できるかどうかではなく、教科を担当できるかどうかによっておこなわれるから、うまく後任の教師がその部をみられるかどうかはわからない。バスケ部顧問の数学教師が他校へ異動してしまえば、次にやってくるのは数学教師であることは確実だが、バスケではなく野球の専門家かもしれない。顧問教師の異動は、部活の存廃に影響大だ。

逆に、生徒が部活に加入したくないと思っているのに、学校と教師が加入を勧《すす》める場合もある。4月の入学式が終わった頃に、学校は部活説明会を開催し、「どこかの部に入りましょう、3年間継続しましょう」と新入生に部活を勧める。すると、内心は「部活なんて面倒くさいな」と思っている生徒も、教師に背中を押されて部活に入っていく。

部活は、生徒が望んでいるかどうかにかかわらず、成立している。

このように部活は、学校や教師の働きかけによって成り立っている。その結果、学校と教師にとって、部活は負担が大きく、やっかいな悩みの種にもなってくる。部活は課外活動だから、学校が部活をどのように引き受けるべきかはあいまいだし、教師がどれくらい部活に従事すべきかもあいまいだ。学校は、「お金が足りない、施設が足りない、顧問をどう配置するか」と頭を悩ます。教師は、「土日も部活で大変だ、時間外勤務を何とかしてくれ、手当をもっと上げてくれ」と不平をもらす。教師の生活を守るために奮闘してきた教職員組合も、部活は負担が大きいと問題視しつづけてきた。

それでも学校と教師は、部活を成り立たせてきた。部活は、学校と教師にとって負担となっているにもかかわらず、成立している。

●部活は学校に残りつづけた

生徒も教師も望んでいるとは限らないなら、部活なんてやめればいいじゃないか、部活を学校から地域社会へ移せばいいじゃないか。そうした声はずっとあったし、これまでに何度も、部活を学校から地域へ移そうと試みられてきた。

古くは、１９６２年に日本体育協会が設立した「スポーツ少年団」は、部活に代わる地域スポーツの場として期待された。だが、小学生は加入率が10％を超えてある程度成功したが、中学生は２〜３％にすぎず、高校生に至っては０・１％だ。部活の代わりとなるにはほど遠い。

また、１９７０年代に一部の自治体で、部活を地域の「社会体育」としておこなう動きが出たこともあった。だが、第３章で詳しく見るように、結局は行きづまってしまった。

さらに、２０００年代に、「総合型地域スポーツクラブ」として部活を地域へ移していこうと叫ばれた。だが、依然として部活は学校に残りつづけた。

部活の地域への移行は、ことごとく失敗してきた。部活は、地域社会への移行が何度も試みられたにもかかわらず、成立している。

こうして見ると、当たり前にあった部活は、実は、成立していること自体が不思議に思われてくる。

2　部活は日本独特の文化だ——Amazing！　それともCrazy？

●ニッポンの部活はAmazing!?

部活が成立していること自体が不思議だという最も大きな理由は、部活が海外では見られない日本独特の文化だからだ。この点を、次に詳しく見ていこう。

日本人にとって当たり前に感じられる部活だが、外国人の目には、とても不思議に映るようだ。海外で開かれる国際会議で、私が日本の部活について研究報告をすると、外国人研究者たちは、「なぜニッポンでは部活なるものがあるのか？　Ａｍａｚｉｎｇ！」と驚く。

たとえば、ブラジル人研究者には、「なぜ教師がスポーツを教えているのか。しかもサッカーをしたことのない理科教師が、なぜサッカー部のコーチなのか」と驚かれた。また、中国や韓国、台湾の研究者は、「平等にスポーツを提供する日本の部活は良いね」と言ってくれた。

興奮気味に「Ａｍａｚｉｎｇ！」と言ってくれたのは、イギリス人研究者だった。実は、イギリスでも昔は学校スポーツが盛んだったが、１９８０年代のサッチャー政権時代に教師の労働条件が下げられた結果、教師はその指導に手がまわらなくなって、イギリスの学校スポーツ

表1－1　世界の青少年スポーツ

学校中心型	学校・地域両方型		地域中心型
日本	カナダ	ポーランド	ノルウェー
中国	アメリカ	ソ連（現ロシア）	スウェーデン
韓国	ブラジル	イスラエル	フィンランド
台湾	スコットランド	エジプト	デンマーク
フィリピン	イングランド	ナイジェリア	ドイツ
	オランダ	ケニア	スイス
	ベルギー	ボツワナ	ザイール（現コンゴ）
	フランス	マレーシア	イエメン
	スペイン	オーストラリア	タイ
	ポルトガル	ニュージーランド	

（出典）中澤篤史『運動部活動の戦後と現在』青弓社、2014年、48ページ。

は衰退《すいたい》してしまった。だから、古き良きイギリスを思い出して、「ニッポンはAmazing!」と言ったわけだ。

　このように各国の受けとめ方は様々だが、部活が国際的にユニークであることは間違いない。では、外国の様子はどうなっているのか。ここではスポーツ系の運動部活動に焦点を絞って、外国の様子を見てみよう。

　必ずしも部活という形ではなくても、スポーツは世界中でおこなわれている。**表1－1**に、世界34カ国における中学・高校段階のスポーツの場を、「学校中心型」、「学校・地域両方型」、「地域中心型」の3つのパターンに分けてまとめた。

　最も多くの国が当てはまるパターンは、学校と地域のクラブの両方で青少年スポーツがおこなわれている「学校・地域両方型」。南北アメリカやヨーロッパなどの20カ国が当てはまる。ただし、「学校・地域両方型」のほとんどの国では、学校よりも、地域クラブのほうが規模が大きかったり、活動が活発だったりする。

ちなみに、ここで言う地域クラブには、地元のボランティアが運営するもの、営利目的の企業が運営するもの、行政主導で運営されるもの、キリスト教の教会が運営するものなど、様々な形態のものが含まれている。

次に多いパターンが、学校ではなく地域のクラブが青少年スポーツの中心になっている「地域中心型」。9カ国が当てはまっているが、典型的なのはドイツだ。ドイツは、「フェライン」と呼ばれる地域クラブがある。フェラインは、学校より歴史が古く、町とともに誕生していることも多く、人々の生活に溶け込んでいる。だからドイツの青少年は、学校が終わると地域でスポーツを楽しむ。どこの国にも部活があるわけではないのだ。

そして最も少ないパターンが、学校が青少年スポーツの中心になっている「学校中心型」で、日中韓など5カ国が当てはまる。こうした「学校中心型」の国は、世界的には少なく、珍しい。

しかも、日本以外の4カ国が「学校中心型」である理由は、地域のクラブが未発達なためだ。たとえば中国や韓国では、学校でのスポーツが中心と言っても、それはひと握りのエリートが、体育学校に用意された特別な「部活」に参加しているにすぎない。それでも地域クラブよりは規模があるので、いちおう「学校中心型」ということになる。

青少年スポーツの中心が学校の部活にあり、なおかつ、多くの生徒が部活に参加している日本は、国際的にきわめて珍しい国なのだ。

●イギリスの「部活」は一般生徒のレクリエーション

と言っても、学校で放課後に生徒がスポーツをするという点では、イギリスやアメリカにも「部活」はある。日本の部活とは違った特徴がいろいろあるので、同じ「部活」と呼べないかもしれないが、詳しく紹介しよう。まずはイギリスの「部活」の場合。

もし「部活」の世界史を書くとすれば、「部活」は19世紀のイギリスで誕生し、20世紀にアメリカで発展し、それらの影響を受けて日本の部活も歩んできた、と言える。そもそも近代になってスポーツが誕生したのがイギリスだ。そのイギリスで、生徒も学校でスポーツをするようになり、「部活」は誕生した。

19世紀のイギリスでおこなわれていた「部活」の様子は、『トム・ブラウンの学校生活』という当時の大ヒット小説に描かれている。主人公のトムが、ラグビー発祥の地と伝えられる名門学校のラグビー校に進学し、フットボールやクリケットの「部活」を楽しむ様子が、いきいきと描かれている。

そういえば、いまの大ヒット小説『ハリー・ポッター』シリーズもイギリス発だが、主人公

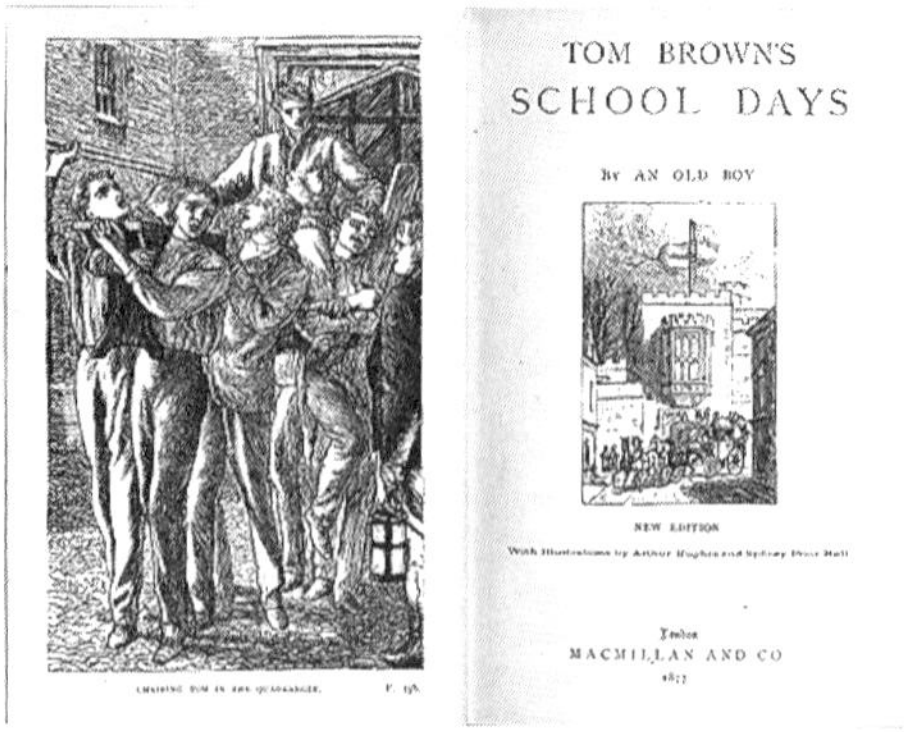

『トム・ブラウンの学校生活』扉絵

のハリーはホグワーツ魔法学校で仲間たちと、逃げるボールを箒《ほうき》に乗って捕まえるスポーツ「クィディッチ」を競い合っていた。魔法の世界にも「部活」があるのかもしれない。

さて、現実に戻って、いまのイギリスの「部活」はどうだろうか。イギリスでも、ほぼすべての学校に「部活」はある。多くの種目が用意され、加入率は50％ほどであり、少なくない数の生徒が参加している。

しかし、参加生徒の多くは週1～2日、気晴らし程度に活動するにすぎず、活発とは言えない。たとえば、週に1回、昼休みにサッカーを楽しむ集まりが、「サッカー部」と呼ばれていたりする。指導者は、スポーツに関心や経験のある教師が担うことが一般的であり、スポーツに関心や経験のない教師が指導することはあまりない。あくまでスポーツが好きな生徒が気軽に楽しめる範囲で参加し、指導できる教師がそれを支えている。つまり、イギリスの「部活」は、「一般生徒のレクリエーション」だ。

私が見に行った事例を紹介しよう。ロンドンから電車で2時間ほど移動したところに、ウスターソースで知られる、ウスターという町がある。昔は「部活」に燃えていたという、元高校体育教師のイギリス人に案内してもらって、「部活」を見に行った。

裕福な家庭の子どもが通う私立学校と、普通の家庭の子どもが通う公立学校があったが、両校の「部活」は対照的だ。私立学校では生徒たちが、青々とした天然芝の広大なグラウンドでラグビーを楽しんだり、優雅にボートに乗って川下りを楽しんだりしていた。いかにもイギリスらしい。しかし、公立学校のほうは、施設は貧弱で用具も充分でなく、「部活」はあまり盛んではないようだ。

一般的に、公立学校は財政不足で、グラウンドがなかったりして、4つか5つの学校が、地域にある1つのスポーツ施設を交代で使うことも珍しくない。イギリスの「部活」はレクリエーションと言っても、環境による違いは大きい。

イギリスの私立学校のラグビー部（上）とボート部（いずれも著者撮影）

●アメリカの「部活」は少数エリートの競技活動

次に、アメリカの「部活」はどうだろうか。

やはりほとんどの学校に「部活」はあるが、種目はそれほど多くなく、アメリカンフットボールやバスケットボールなどの代表的な少数の部だけを持つ学校も珍しくない。また、入部に際して「トライアウト」と呼ばれる選抜試験を設けて、競技能力により入部希望者をふるいにかける場合もある。そのため、生徒の加入率は30～50%と少なめだ。

日々の活動状況は、活発で高度に組織化されているが、季節ごとに種目を分けるシーズン制を敷いているため、それぞれの部は年間を通して活動しているわけではない。アメフト部は秋、バスケ部は冬、野球部は春といった具合だ。と言っても、運動神経抜群の生徒がそれぞれのトライアウトを勝ち抜いて、アメフト部でクォーターバックを務め、バスケ部でエースになり、野球部では4番でピッチャーとして活躍したりする。そして学校一の人気者になり、チアリーディング部のナンバーワンに可愛い女の子のハートを射止める、なんてことも起きたりする。

また、国土の広いアメリカでは全国大会はないが、高校のアメフトやバスケの州大会は、多くの観客を集めるビッグ・イベントだ。アメリカの片田舎の高校アメフトの活躍を描いた、『フライデー・ナイト・ライツ』という小説があり、映画にもなった。タイトルを訳すと「金曜の夜の明かり」。

アメリカ人はアメフト好きで、金曜の夜に高校アメフトの試合がおこなわれ、土曜の夜に大学アメフトの試合がおこなわれ、日曜の夜にプロのアメフトNFLがおこなわれる（NFLは最近、月曜の夜も木曜の夜も試合を始めた。いったいアメリカ人はどれほどアメフトが好きなんだ!?）。ただし、片田舎の町には、大学はないし、NFLがやって来ることもない。でも高校はあるので、その高校アメフト部の試合は、地域住民にとってこの上ないエンターテイメントになる。

そうして多くの人たちが、金曜の夜にスタジアムに足を運ぶ。町には高層ビルもネオン街もないから、ふだんは夜になると真っ暗だが、金曜の夜だけはスタジアムが光り輝く。「金曜の夜の明かり」は、高校アメフトの象徴なのだ。

だから、学校も「部活」には力を入れる。指導には、教師だけでなく、校長が特別に雇った専門的なコーチがあたることも多い。校長が雇ったと言っても、優れたコーチは校長よりも給料が高かったりする。そこまでしても勝ちに行くわけだ。つまり、アメリカの「部活」は、「少数エリートの競技活動」だ。

こちらも事例として、カリフォルニア州サンフラン

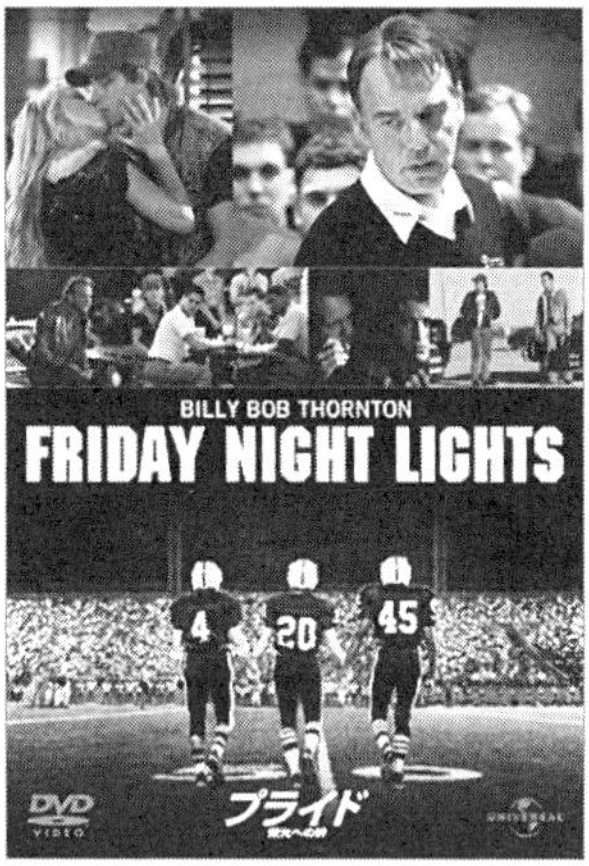

映画『Friday Night Lights』

シスコ郊外の町にある公立の中学校と高校の「部活」の様子を紹介しよう。

まずは中学校の場合。地元の中学校の教師に話を聞くと、学校の「部活」よりも、地域の野球クラブが盛んだそうだ。学校に「部活」はあると言えばあるが、学校や教師が主体となっておこなっているわけではなく、町の行政が提供する形でおこなわれているという。

学校施設を使うが、行政が税金を使ってコーチを雇っておこなうので、教師は関与しない。勤務終了時刻の15時15分になれば、多くの教師は帰宅する。

ただし、文化系の「部活」を受け持つ教師はいた。ギター好きの教師がギター部を受け持ったり、工作好きの教師が工作部を受け持ったり、中にはハリー・ポッター部を設立して魔法の研究やマントのコスプレを楽しんでいる、なんて話も聞いた。いずれも趣味を兼ねた範囲であり、わずか1時間の活動でも手当が出ていた。

高校の「部活」を見に行くと、花形はやはりアメフト部だった。白人、黒人、アジア系と人種は様々だったが、ムキムキのナイスガイたちが、アメフトに燃えていた。

ヘッドコーチは歴史科の教師だったが、実はその高校のアメフト部ＯＢ。やりがいを持ってコーチを務めていて、教師の給料とは別にコーチの手当も支給されるが、「授業とコーチの両立は大変」と言っていた。

その他にも５人のアシスタントコーチが雇われ、電光掲示板や観客席が付いた立派なアメフト競技場があった。学校全体でアメフト部を支援しているが、資金もかかるので、たとえば町のピザ屋がスポンサーになって、広告を入れた電光掲示板を用意していた。

チームは1軍と2軍に分けられて、2軍が実践練習している間、1軍は屋内でアメリカンロックのBGMをガンガンかけながら筋トレ中で、それが終わると、競技場に出てコーチの指示の下に実践練習。翌日は他校に出かけて練習試合だった。他校も立派な競技場を持っていて、やはり専門的なコーチたちが複数で指導していた。まさにプロフェッショナル。

アメリカの公立学校のアメフト部（上）と広告入りの電光掲示板（いずれも著者撮影）

　だが、課題もあるようだ。ケガの問題は深刻で、入部に際しては医者の健康診断書や親の同意書が必要とされる。書類が揃っても、上手《うま》くなければトライアウトに受からないから、受験のための塾のようにプライベート・レッスンを受けたり、中学校段階でそこそこのアメフト経験を積んでおく必要がある。その中学アメフトにもトライアウトがあれば、それに受かるために、やはり小学校段階でもプライベート・レッスンを受けたりする。さながらアメフト界の「受験戦争」で、時には本人の努力以上に、親の支援と財力が重要になる。

アメリカでは、スポーツは特権と考えられていて、学業の成績が悪い生徒は「部活」に参加できないルールがある。しかし、勝つためには、成績が悪くても上手い選手は「特別待遇」されていたりして、そうした優れた選手の獲得競争をめぐって、学校は授業料免除や奨学金を用意したりする。さらに学校は、優れたコーチを雇ったり、競技場を整備したりもするので、たくさんのお金が必要になる。

そのため、試合を見に来る観客から、たとえ生徒や親であっても、観戦料金を徴収することもある。プロフェッショナルな「部活」は、一種のビジネスにもなっている。それが教育なのか、という論争も巻き起こっているようだ。

●日本の部活は一般生徒の教育活動

これまで見てきたイギリスやアメリカと比べながら、日本の部活の特徴を見てみよう（表1－2）。

表1-2 イギリス、アメリカ、日本の部活

	イギリス	アメリカ	日本
設置学校の割合	ほぼすべての学校	ほぼすべての学校	ほぼすべての学校
各学校の部数	多数	少数(トライアウト制)	多数
生徒の加入率	約50%	約30%～50%	約50%～70%
活動状況	不活発	活発(シーズン制)	活発
全国大会	あり	なし	あり
指導者	教師	教師とコーチ	教師(関心や経験のない教師を含む)
指導目的	競技力向上	競技力向上	人間形成
総括的特徴	一般生徒のレクリエーション	少数エリートの競技活動	一般生徒の教育活動

(出典)中澤篤史『運動部活動の戦後と現在』青弓社、2014年、50ページ。

日本では、ほぼすべての学校が部活を設置している。学校は、授業だけでなく、課外活動の部活を通じて、スポーツの機会を用意している。

そして生徒は、スポーツが苦手であったり、そんなに興味ないよという生徒も含めて、部活に加入する。運動部活動の加入率は、中学で70%、高校で50%にのぼる。運動部活動も一年を通して活発だ。競技大会で活躍することが、生徒たちの大きな目標になっており、全国大会は憧《あこが》れの舞台だ。

指導者は、地域のスポーツ専門家ではなく、学校の教師だ。全教師のうちで、6割以上の教師が、運動部活動の顧問に就いている。その顧問教師の中には、スポーツに関心や経験のある教師ばかりではなく、関心や経験のない教師も多い。

にもかかわらず顧問を務める理由は、日本の部活の目的が、単なる競技力向上ではなく、人間形成だからだ。

つまり、日本の部活は、「一般生徒の教育活動」と言える。だから日本の学校では、スポーツが苦手な生徒も含めて多くの生徒に、部活として、スポーツにふれる機会を与えているのだ。

まとめておこう。多くの国で、青少年スポーツの中心は、学校の部活ではなかった。学校でスポーツがおこなわれる場合でも、活動が活発ではなかったり（イギリス）、生徒の加入率が低かったりした（アメリカ）。そして、イギリスとアメリカの「部活」は、教育活動というよりも、レクリエーションや競技活動としておこなわれていた。

こうして見ると、日本中の学校でたくさんの生徒がスポーツをしている部活というものが、実は海外では見られない、独特の日本文化であることがわかる。だから外国人は、日本の部活にＡｍａｚｉｎｇ！と驚いたり、ほめたり、うらやましがったりするわけだ。

●ニッポンの部活はCrazy!?

しかし、そうした外国人の好意的な反応から、「部活は世界に誇れるすばらしい日本文化だ！」と無邪気に喜んでばかりもいられない。なぜなら、外国人は、日本の部活に潜《ひそ》む深刻な問題にも驚いているからだ。

日本の学校の柔道部で相次ぐ死亡事故が明るみに出た時、『ニューヨーク・タイムズ』（2013年4月17日付）は、子どもの生命を奪うほどに苛酷《かこく》で過剰《かじょう》な日本の部活の負の側面を、世界中に報道した。『ジャパン・デイリー・プレス』（2013年7月6日付）は、大阪市立桜宮高校バスケットボール部の生徒が、顧問教師からの暴力に苦しみ自殺したいきさつを、被告となった顧問教師の実名とともに報道した。

何気ない日常的な部活の様子にも、時に外国人は驚きを示す。日本の英字新聞『ジャパン・タイムズ』に私が取材を受けた時、ニュージーランド人の記者から、日本に住んでいる外国人が部活のせいで困っているという話を聞いた。と言うのも、日本の学校に通う子どもは、夏休み中ずっと部活で、家族で旅行にも行けない。外国人のパパとママは「家族の時間を奪う部活って何なのよ」と怒っているという。結局この記事は、「激しい部活が外国人の親を悩ませる」という見出しで報道された（2014年6月14日付）。

こうした海外での報道は、私たち日本人にとって、悲しく残念で恥ずかしいニュースだ。しかし同時にそれは、外国人がうらやむＡｍａｚｉｎｇな部活には、外国人が驚くＣｒａｚｙな問題も残されていることに気づくチャンスでもある。

そのチャンスを活かし、部活に潜む問題をきちんと解決してこそ、日本の部活は、真に世界に誇れる日本文化になるだろう。

3　なぜスポーツが学校に結びつくのか

●「スポーツ＝遊び」のはずが……

スポーツが学校で、部活としておこなわれる。当たり前のことだと思っていたが、そうではないことがわかった。この不思議を、「スポーツ」という言葉の意味から、さらに掘り下げてみよう。

みなさんは、スポーツのもともとの意味を知っているだろうか。言葉の由来をたどると、英語の「スポーツ（sport）」は、遠い昔のラテン語の「デポルターレ（deportare）」を起源としている。この「デポルターレ」とは、仕事や義務を離れて、気晴らしに好きなことをすること、簡単に言うと「遊び」という意味だった。

つまり、スポーツとは、一種の遊び。嫌なことから逃れて、自由に楽しみたくてすること。それがスポーツのもともとの意味だった。

日本では、このスポーツが学校に結びついて、部活がおこなわれている。そこにちょっとした不思議がある、と私は考えている。

学校は、いわゆる座学の一斉授業だったり、厳しい生徒指導だったり、たとえ生徒が嫌がっていても、教育したり指導したりする。学校は強制をする。生徒の好き勝手にはさせない。だから教師は、「遊んでいないで勉強しなさい」と生徒を叱る。

そう考えると、自由に楽しむはずのスポーツと、強制でも子どもを縛《しば》りつける学校とは、全く相反するものではないのか。

ならば、スポーツと学校というのは、そう簡単に結びつかないはずだ。にもかかわらず日本では、スポーツが学校に結びつけられて、部活が成立している……。

この不思議は、どうすれば解きほぐせるだろうか。これまでに、スポーツと学校の結びつきについては、学問的にもいろいろ論じられてきた。中でも熱心に論じてきたのは、「身体の教育」の学を意味する「体育学」という学問だ。

その体育学は、スポーツが学校に結びつけられる理由を、3つのパターンで論じてきた。人格形成説、身体形成説、スポーツ文化説だ。私自身は3つとも疑わしいと思っているのだが、順番に見てみよう。

●人格形成説

1つめは、スポーツは人格形成に役立つから、学校の中でおこなうのは当然なのだ、という考え方。これを「人格形成説」と呼んでおこう。

「スポーツをして人間性を磨こう」、「スポーツでルールや集団行動を学んで、道徳性を身につけよう」とよく言われる。こうした人格形成説は、古くから唱えられている。それでは、本当に「スポーツは良い人間をつくる」のだろうか。

しかし、人格形成説は疑わしい。読者の中にも、運動部員が引き起こした暴力・いじめ・犯罪事件を思い出して、ちょっと待てよと感じる方がいるだろう。「スポーツは良い人間をつくる」と、素朴に信じることはできない。

研究結果を紹介しておこう。部活に参加している生徒と参加していない生徒を比べて、スポーツは人格形成に役立つのかどうかを調べようとした研究がいくつもある。その中には、スポーツをすることで性格が良くなる、学校が好きになる、非行が防止できる、成績が良くなる、望ましい進学や就職につながる、という研究結果がある。これだけ見れば、「確かにスポーツは良い人間をつくるのかもしれない」と信じたくなる。

しかしその裏側で、スポーツをしてもしなくても、性格や成績や進学や就職には関係がない、という研究結果もある。さらにそれだけでなく、スポーツをすると攻撃的で暴力的な考えを持つようになり性格が悪くなる、スポーツをするとスポーツだけに熱中して勉強しなくなるので成績が悪くなる、スポーツをすると「スポーツ馬鹿」に囲まれて非行に走りがちになる、といった真逆の研究結果もある。

結局のところ、いろいろな研究結果を冷静に見渡してみると、スポーツは良い人間をつくるかどうかはわからない、スポーツは人格形成に役立つかどうかわからない、という結論になる。どうやら、人格形成だと言ってスポーツと学校を結びつける人格形成説は、疑わしい。

●身体形成説

2つめは、スポーツをすれば身体が鍛《きた》えられて体力もつく、これは良いことだから学校でやるのだという考え方。これを「身体形成説」と呼ぼう。

身体形成説は、ひとまず、医学の研究成果を利用して唱えられてきた。運動しないよりも運動したほうが身体に良いこと、適度な運動は子どもの健康や発達に良いことは、医学的に明らかにされている。だから医者は、子どもに運動を勧める。と言っても、単に運動しなさいと言うだけでは、子どもは「疲れるから嫌だ、つまらないから嫌だ」と言うので、楽しみながら運動できるように、スポーツが勧められる。だから、スポーツを学校でするのは当然なんだ、と身体形成説は言う。これだけ聞くと、やっぱりそうかな、と思えてくる。

しかし、本当にそうだろうか。むしろ現実に学校で問題になっているのは、運動やスポーツのしすぎであり、部活の過熱化であり、度を越してしまった結果のケガや事故ではないか。

生徒も、ただ自分の楽しみのためにスポーツをしているくらいならば、きついなと思えば休んだりやめたりするだろう。しかし、学校や教師によって無理やりにさせられていれば、生徒はきつくても苦しくても痛くても、休めないし、やめられない。

学校は教育のためと言って、生徒を強制的に走らせたりする。教師は指導のためと言って、過剰なトレーニングを課したりする。楽しいはずのスポーツが、教育的関心を持った大人たちが絡《から》んでくることによって、やりすぎて問題になってしまう。

スポーツは適度にやれば身体に良い、というのは医学的な事実だが、やりすぎるとかえって良くない、というのも医学的な事実だ。だから医者は、運動やスポーツを勧める一方で、やりすぎてケガや事故を招かないようにと注意するし、学校や教師による無理強《じ》いを批判するし、いっそのことスポーツと学校を切り離すべきだと言うこともある。

そう考えると、身体形成に役立つと言ってスポーツを学校に結びつける身体形成説も、疑わしくなってくる。

●スポーツ文化説

3つめは、スポーツは大切な文化だ、だからより良いスポーツ文化を次の世代に伝えるために、学校でスポーツをおこなうのだという考え方。これを「スポーツ文化説」と呼ぼう。

スポーツは、自然にどこかに存在していたわけではなくて、人間によってつくりだされた文化だ。こうすればおもしろいじゃないか、もっとルールを工夫してみよう、新しい道具や用品も開発してみては、という試行錯誤がくり返されて、今のスポーツがある。

ということは、私たちがスポーツを楽しむことができるのは、前の世代からスポーツという文化が伝えられてきたからだ。私たちには、そのスポーツ文化を次の世代に伝えていく責任がある。その責任を果たすため、学校を使って、生徒にスポーツ文化を学ばせよう。そんなふうにスポーツ文化説は言う。

しかし、スポーツ文化説も、なぜスポーツが学校に結びつくのかという問いに、うまく答えられていない。なぜなら、文化としてスポーツが大切だからこそ、学校から切り離すべきだという、正反対の考え方もあるからだ。学校の枠内では、本当に自由ですばらしいスポーツ文化が花開かない。学校のいろいろな制約に縛られていてはダメだ。そういう意見がある。

スポーツは文化だと声高に叫ぶ人の中には、ヨーロッパの地域スポーツクラブをうらやましがったり、学校ではなく地域にスポーツを根づかせることを夢見たりする人もいる。そこでは、スポーツが文化として大事だからこそ、学校と結びついてはいけないと考えられている。

つまり、文化として大切だからスポーツと学校は結びつくというスポーツ文化説も、やはり疑わしい。

●スポーツが学校に結びつく日本の部活

そうすると結局のところ、なぜスポーツが学校に結びつくのかという問いは、納得のいく答えが出ていないことがわかる。

この問いに答えるためのポイントは、日本の教育や社会の特徴にまで視野を広げなければならないということだ。スポーツは人格形成や身体形成に役立つんだ、伝えるべき文化なんだ、だから学校に結びつくんだ、と言うけれど、それならすべての国や時代でスポーツが学校と結びついているのかと言ったら、そうではない。先ほど外国の様子を見たように、これほどにスポーツと学校が強く結びつき、かくも大規模に部活が成立しているのは、日本だけだ。どうして日本だけ、こんなに部活が盛んなのか。日本の教育の方針や、社会のあり方が、どこかで部活に関係しているんじゃないか。

そこで次章からは、日本の部活がどのように生まれ、広がっていったのか、歴史をふり返ってみることにしよう。

外国人研究者が見た Bukatsudo

日本の部活に関心を持っている外国人研究者がいる。オーストラリア人の社会学者・ライトさんは、東京にある高校ラグビー部のフィールドワークをした。すると、試合前の「儀式」に驚いた。静まりかえった部屋に一同が集まり、張りつめた緊張感の中で、試合に出る選手の名前が読み上げられ、選ばれた部員は試合用ジャージをありがたく頂戴して、丁寧におじぎする。ライトさんは、そんな「儀式」に何の意味があるの!? と思ったようだ。

　アメリカ人の社会学者・ブラックウッドさんは、高校野球部の女子マネージャーに注目した。アメリカでマネージャーと言えば、ゼネラルマネージャー(GM)など指導的な役割だが、日本の部活のマネージャーは、洗濯をしたり、おにぎりを握ったり、裏方的な役割だ。そして担い手は女子生徒。ブラックウッドさんから見れば、それは、妻が家庭を支えて夫が仕事に励むという性役割分業の部活バージョンであり、それが将来の家庭へと持ち込まれる!? と思ったようだ。

　イギリス人の人類学者・ケーブさんは、ずばり「Bukatsudo」というタイトルの論文を書いている。興味深いのが、その歴史観だ。部活は明治時代に始まったというのが日本の定説だが、ケーブさんは「Bukatsudo」の源流を江戸時代に求めようとする。ケーブさんは、人を育てる場所で子どもが遊んだり運動したりするものを、広く「Bukatsudo」と捉えた。その捉え方からすると、江戸時代に薩摩藩で武士を育てた「郷中」(ごじゅう)は剣道や水泳をしたし、法蔵院流のお寺では修行中のお坊さんが槍を練習しながら心身を鍛練していた。それらも「Bukatsudo」じゃないの!? と思ったようだ。

　外国人研究者たちの部活論は、日本人の見方と違っているのでおもしろい。

COLUMN

学業なくして部活なし!?

1980年代、アメリカのテキサス州で、「ノーパス・ノープレイ（No Pass, No Play)」という法律ができた。学業試験に合格しないと、部活はさせない、という法律だ。

アメフトや野球に夢中になる高校生の中には、勉学をおろそかにして、学業成績が悪い生徒もいた。そうした生徒は、部活に参加することを禁止されて、地域での奉仕活動を命じられたりすることになった。

なるほど、生徒の将来を思った教育的な処置に思われるが、これに怒った生徒・保護者がいた。「部活をする権利を奪っている」、「息子がプロ選手になるチャンスを奪っている」と。利害関係が絡むコーチたちも加勢し、生徒側の弁護士も「教育的な課外活動に生徒が参加できない」と主張して、裁判にまで発展した。

裁判の焦点は、ノーパス・ノープレイ法が、憲法で守られている生徒の権利を侵害するかどうか。最高裁判所まで行った裁判の結果は……。

結論は、ノーパス・ノープレイ法は合憲である、というもの。つまり学校は、学業成績の悪い生徒に部活を禁止してもよい。部活は、学校が保障しなければならない生徒の権利とは言えない、と裁判所は判断した。

生徒は、何よりも学業に努めなければならない。学校がすべき仕事、学校が保障すべき生徒の権利は、生徒に学業を身につけさせること。部活は二の次だ。

アメリカでは、部活やスポーツが、やるべきことをやった後に与えられる特権と見なされている。「おまえに、スポーツを楽しむ資格があるのか?」と問うわけだ。ある意味で、スポーツのすばらしさや楽しさを高く評価しているとも言える。

ひるがえって、日本では、学業成績の悪い生徒をこそ部活に入れる。「勉強しないなら、部活くらいがんばれ!」と。日米の部活は対照的だ。

COLUMN

ピーター・バラカンさんと部活を歩く

日本文化を外国に紹介する、NHKワールド・BS放送「Japanology Plus（ジャパノロジー・プラス）」というテレビ番組で、部活が取り上げられた。私は解説担当として呼ばれた。司会は、日本在住のイギリス人、ピーター・バラカンさん。二人で都内の学校を訪れて、部活を見に行った。

ごく普通の部活だったが、バラカンさんの質問がおもしろかった。「どうして日本では部活があるの？」「毎日、部活に縛られて、生徒は嫌にならないの？」「教師は、負担を感じないの？」

私は、本書で書いたような、部活の歴史、学校とのつながり、いまの課題などを解説した。バラカンさんの感想は、「ニッポンの働きすぎ文化は、部活でつくられていた！」

体育館のバスケ部を見に行くと、先輩たちがシュート練習をしていて、後輩たちが周りで声を出していた。「先輩・後輩の関係って、どうしてあんなに厳しいの？」私は、日本では年齢による上下関係が重視されていて、それを部活で学んでいると解説した。上下関係が厳しすぎて、問題になることも付け加えて。

欧米では、対等な関係で一緒にスポーツを楽しむ。だから、周りで声を出すだけの「後輩」の存在は、不思議に思えたようだ。バラカンさんに、「声を出すことに何の意味があるの？」と聞かれた。私は、ちょっと答えに困ったが、チームプレイや協調性が期待されているから……とお茶をにごした。

さらにバラカンさんは、「ところで、ワーとかアーとかしか聞こえないけど、何て声を出しているの？」私は、後輩たちが張り上げる声に、耳を傾けてみた。うーん、何を言っているか、わからなかった。

解説担当としては情けないが、またひとつ部活の不思議に気づかせてもらった。

第2章

部活は いつ始まったのか

本章からは、日本の部活が
どんな歴史の中でつくられてきたのかを見ていこう。
まずは、部活が誕生した明治時代まで、
時計の針を戻してみたい。

1　部活は明治時代に誕生した

●部活の始まり

部活の不思議を解きほぐすために、部活の歴史をさかのぼってみよう。歴史なんて興味ないよ、なんて言わずに付き合ってほしい。なぜなら、いまの部活は、歴史の積み重ねでつくられてきたものなので、歴史を知ることでその背景を理解できるからだ。それに、いまの部活とは違った昔の部活を見ることで、部活の別のあり方を構想するヒントが得られるかもしれない。

では、部活はどのように始まったのか。

部活の歴史はずいぶん古く、明治時代にまでさかのぼることができる。部活の舞台は学校だが、学校というものができたのが明治時代だ。その時、すでに部活があった。

では、どこで部活は始まったのか。それは大学、中でも東京大学だった。部活は東大から始まったと聞くと、びっくりする読者も多いだろう。

江戸時代が終わり明治時代に入った日本は、ヨーロッパやアメリカといった先進諸国から、たくさんの知識や文化を吸収しようとした。その吸収場所の中心のひとつが東京大学だった。

東大がまだ「帝大」（帝国大学）と呼ばれていた時代、最先端の学問や技術を学ぶために、外国人教師たちを雇い入れた。

そうした外国人教師は、学問や技術を海外から日本へ持ち込んだだけでなく、スポーツも一緒に持ち込んできた。それまでの日本には、武術や武道があっても、スポーツはなかった。明治という文明開化の時代に、日本人はスポーツに初めて出会った。その場所が、東京大学だった。

スポーツに出会った東大生は、自らもスポーツを積極的におこなった。休み時間や放課後に、スポーツをしたい学生が集まって、学校でスポーツを始めた。東大の部活は、組織としてもまとまりを見せて、日本初のいわゆる体育会系の学生団体である「帝国大学運動会」が設立された。

同じような部活組織が、東京商業学校（いまの一橋大学）、慶應義塾、東京師範《しはん》学校（いまの筑波大学）、東京専門学校（いまの早稲田大学）、京都帝国大学（いまの京都大学）でも、順に設立されていった。こうして、明治時代の大学で、部活は誕生した。

●盛んだった東大の部活

当時の東大の部活を詳しく見てみよう。

東大ボート部の学内大会（上：『読売新聞』1907年［明治40年］4月14日付、下：同1915年［大正4年］4月11日付）

明治時代に東大の部活は、陸上部、水泳部、ボート部（漕艇《そうてい》部）の３つで始まった。大正時代の頃になると、野球部、サッカー部（蹴球《しゅうきゅう》部）、テニス部（庭球部）、剣道部、柔道部なども出てきた。

多くの読者が抱く東大生のイメージは、勉強は得意だけどスポーツは苦手、というものかもしれない。だが、当時の東大生の中には、世界レベルのアスリートもいた。明治時代の学内陸上競技会の記録を見ると、100メートル走で10秒24とか、棒高跳びで3メートル66といった成績が残っている。これらの記録は、学内大会なので公認されなかったが、もし公認されれば、なんと当時の世界新記録だった。

ボート部は、隅田川で学内レガッタ（ボ

ートの競技大会）を開催していた。写真は、1907年（明治40年）と1915年（大正4年）の様子だ。東大生たちの奮闘に、観衆たちも大盛り上がりだったようだ。

もちろんスポーツだけではなく、文化系の部活もあった。新聞部、弁論部、音楽部、学芸部など。特に新聞部や弁論部は活発で、学生たちがその時々の社会問題や政治問題に切り込んで、学内外に意見や主張を投げかけた。

実は、こうした文化部と運動部は仲が悪かった。文化部の東大生が、「運動部のやつらはスポーツばかりしている。もっと政治問題に関心を示せ！」と文句を言うと、運動部の東大生は「文化部のやつらは小難しい話をするばかりで、スポーツの魅力もわからない。俺たちの邪魔をするな！」と言い返す。

さらに、運動部VS文化部の対立に、大学教授陣や一般学生も関与してきた。大学教授陣は、健康のために運動は大切と考えたり、文化部の中には反体制的な学生がいると警戒したりして、どちらかというと運動部の味方だった。一般学生は、スポーツをしたいと思っても運動部が施設や道具を牛耳《ぎゅうじ》っているので、運動部に不満を感じていた。

そんな複雑な対立関係の中で、運動部は、うまく大学教授陣の力を借りながら、一般学生からの支持を得ようと、学内スポーツ行事をいろいろと催《もよお》したりした。未経験者の一般学生をコーチしたり、施設を開放したり道具を貸し出したり、といった具合だ。

図2-1　1932年（昭和7年）当時の中等教育機関の部活

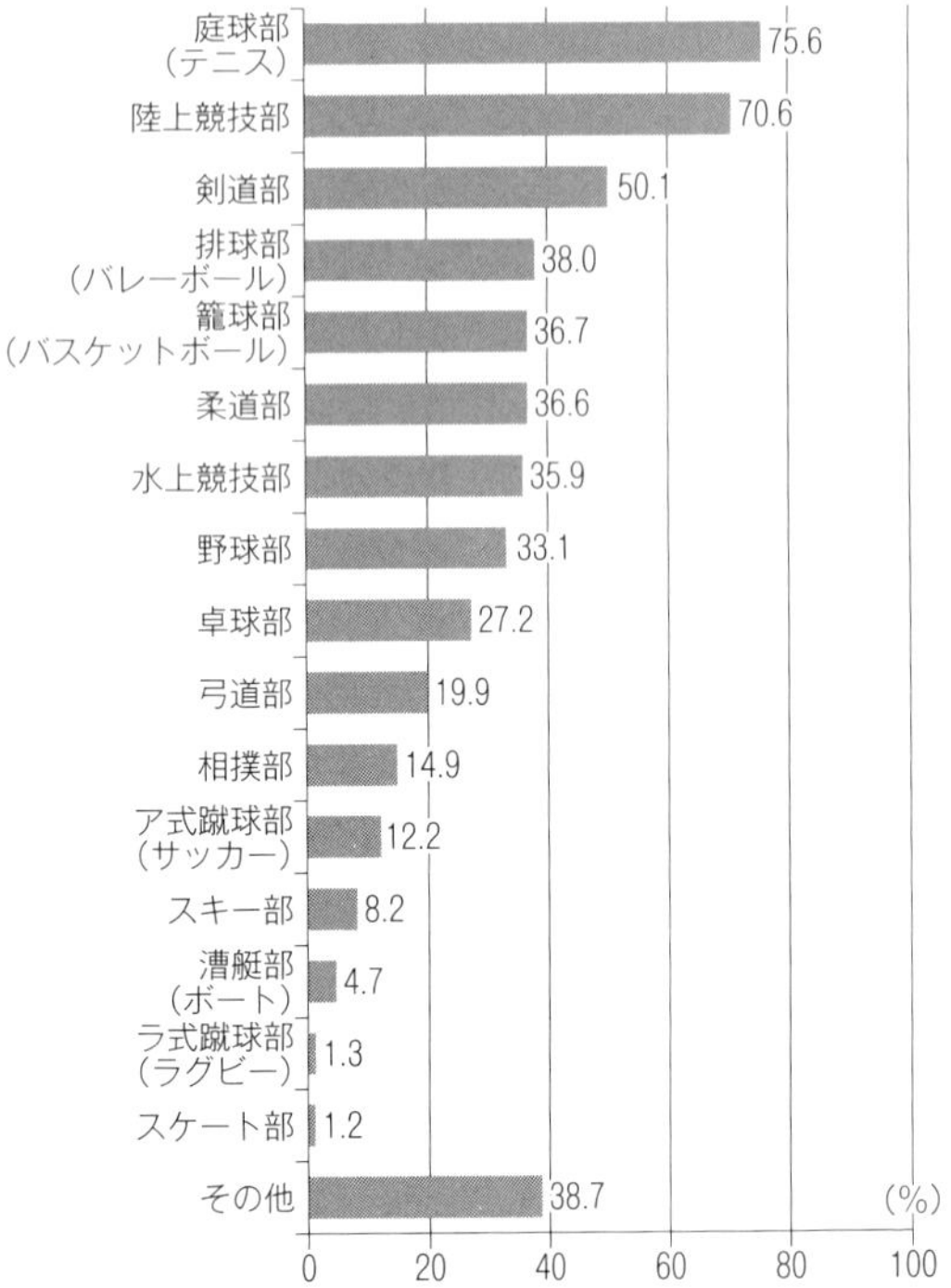

（出典）中澤篤史『運動部活動の戦後と現在』青弓社、2014年、94ページより作成。

●大学から高校・中学への普及

さて、大学で始まった部活は、その後、旧制高校や旧制中学校（いまの大学・高校）へと普及していった。当時は、部活のことを「校友会」と呼んでいた。いまでも、伝統ある学校では、そう呼んでいたりする。校友会と呼ばれた部活は、全国に普及していった。

それにあわせて、各種競技で日本一を決める全国大会も始まった。1915年（大正4年）に全国中等学校優勝野球大会、いわゆる夏の甲子園大会が開始され、1924年（大正13年）に全国選抜中等学校野球大会、いわゆる春の甲子園大会が開始された。その他にも、テニス・水泳・相撲・サッカー・ボートなど様々な種目で、全国大会が開催されるようになった。

昭和の時代に入る頃には、部活は、生徒にとって馴染《なじ》み深い学校文化になった。当時の実態を知るための手がかりとして、1932年（昭和7年）に実施された調査結果を紹介しよう（図2-1）。全国の中等教育機関2153校に、どんな種目の部活がどれくらいあったのかが調査されている。

1931年（昭和6年）の東大と早大のサッカーの試合（東大LB会『闘魂90年の軌跡　東京大学のサッカー　東京大学ア式蹴球部90年記念史』2008年、9ページ）

これを見ると、各種類の部活の設置割合がわかる。最も設置率が高いのがテニスで、4分の3以上の学校にあった。陸上競技部や剣道部は、半分以上の学校で設置されていた。バレーボール部、バスケットボール部、柔道部、水上競技部、野球部が、3分の1くらいの学校に設置されていた。

ただし、この調査では、どれくらいの生徒が部活に加入していたかはわからない。学校に部活があっても、実際に参加する生徒は多くなかった。それに、学校に通う生徒の数や割合も、まだまだ少なかった。

つまり、部活が普及したと言っても、いまのように大規模に部活が成立していたわけではなかった。戦前の部活の

図2-2　オリンピック選手団の中での学生選手の数と割合

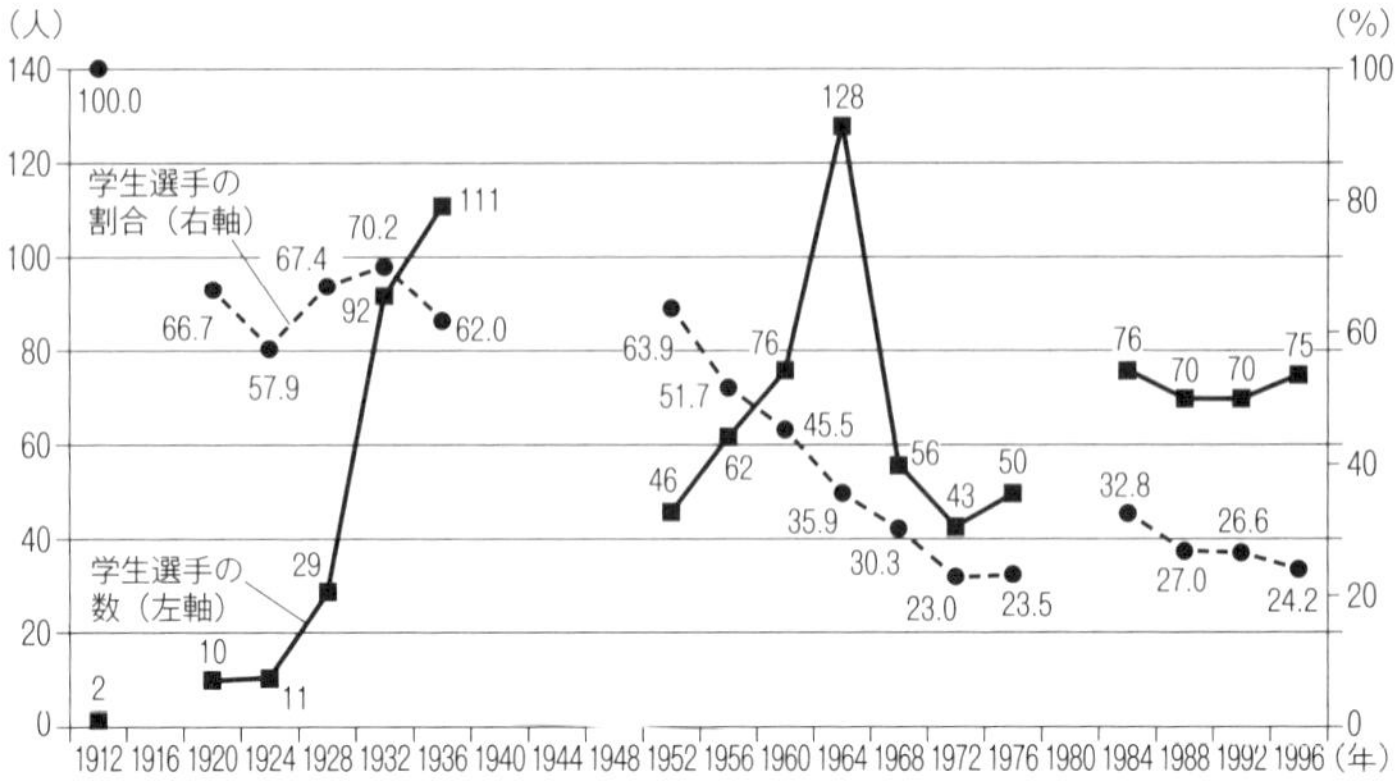

（出典）中澤篤史「オリンピック日本代表選手団における学生選手に関する資料検討」『一橋大学スポーツ研究』29号、2010年。ただし、束原文郎氏の指摘をふまえて、部分的に修正した。

広がりは、大規模化した戦後に比べると、限られたものだった。

●部活からオリンピックへ

戦前の部活について興味深いのは、そこにトップアスリートの学生選手がいて、中にはオリンピック選手もたくさんいたことだ。昔の日本では、トップアスリートは部活でこそ養成されていた。そもそもスポーツをする場所が、部活くらいしかなかったからだ。

日本が初めて参加したオリンピックである１９１２年（明治45年）のストックホルム大会には、２人の選手が参加したが、この２人はどちらも大学生だった。トップアスリートは部活で養成され、部活からオリンピックへ出るというルートが主流だった。

その後はどうなったか。オリンピック日本代表選手団の中に、学生選手がどれくらい含まれていたかを集計して、図2−2に示した（中高生・専門学校生などを含む）。これを見ると学生選手の数（実線）は、戦前は１９１２年の２人から１９３６年（昭和11年）の１１１人まで、ぐんぐん増加したことがわかる。

戦後初参加の１９５２年のヘルシンキ大会には、少し減って46人の学生選手が出場した。その後、学生選手の数は増加して、１９６４年の東京大会では１２８人と、最高値を示した。

それ以降は50人前後に減るが、１９９０年代は70人程度で推移した。増減はあったが、部活はトップアスリートを養成してきたことがわかる。

ただし、全選手に占める学生選手の割合（点線）は減ってきている。１９１２年の１００％は別として、戦前は60％〜70％程度で推移していたが、戦後は一貫して減少しつづけ、１９９０年代には20％台になっている。

その背景には、企業スポーツやプロスポーツが盛んになってきたことが関係している。スポーツをする場所、トップアスリートを養成する場所は、もはや部活だけではなくなった。だから相対的に、学生選手の存在感が低下したのだ。

２０００年代になると、学生として部活に所属しながら、企業にも所属したり、プロ契約をしたりする選手が増えはじめた。そのため、ここではあえて集計していない。選手の所属が複雑で多様になってきたことで、「学生選手」という肩書きが持つ意味も変わってきたようだ。

2　部活と戦争

●総力戦体制に組み込まれた部活

昭和時代に入ると、日本は戦争に突入していった。国内のあらゆる力をすべて戦争に向けようとした当時の社会状況を「総力戦体制」と言う。総力戦体制の中で、部活はどうなっていたのだろうか。

総力戦体制は、すべての力を戦争に向けようとするので、学校はもちろん、部活も戦争に役立つように変わっていった。文部省は戦争のために学校を改革し、「学校報国団」と呼ばれる組織をつくった。

学校報国団とは、学校ごとに一団となって、国のために奉仕させようとする組織だ。たとえば、教師が生徒たちと寮やお寺に籠《こ》もり、全員で寝泊まりして、集団精神を磨いたり勤労作業に従事したり、といった具合だ。

部活は、形式上、この学校報国団に組み込まれた。それまでスポーツをしていた運動部員たちは、体は丈夫だし、元気に働くだろうと期待されて、学校報国団の中の「鍛錬《たんれん》部」や「国防訓練部」などに入れられた。

鍛錬部や国防訓練部は、「部」と言っても、スポーツや文化活動を楽しむような部活ではなかった。鍛錬部に入った運動部員は、食糧不足を解消すべし、と畑へ連れて行かれて、農作業を任された。国防訓練部に入った運動部員は、敵の空襲に備えるべし、と防空訓練に駆り出されたり、飛行場の補修や軍需用品の修理を任されたりした。

総力戦体制下の東大。上：検見川農場での勤労作業、1941年。下：御殿下グラウンドでの軍事教練、1943年（「東京大学の百年」編集委員会編『東京大学の百年』東京大学出版会、1977年）

戦争が始まるまでは盛んに部活がおこなわれていた東大も、総力戦体制の時の様子は、写真のとおりだ。

東大の運動部員たちは、農場では鍬《くわ》を手にして土を耕《たがや》し、グラウンドでは木製の銃剣を手にして戦争準備に明け暮れた。

総力戦体制下の剣道大会（栗本義彦『体力向上講座第5巻　体力向上と体育運動』保健衛生協会、1940年）

●戦争は部活を変えた

生徒たちは、それでも空いた時間に何とか部活を楽しもうとしたが、部活の中身も変わってきた。

剣道部を例に取ってみよう。写真を見てほしい。数え切れないくらいの生徒が屋外に集まって、竹刀《しない》を持って剣道着を着て剣道をしている。これは、戦場で敵を切り倒すイメージで新しく編み出された、集団対抗の剣道大会だ。旧制中学校や旧制高校、大学の剣道部員は、戦争準備のために、こうした剣道大会を開くようになった。大規模なものだと、1万5千人が集まる剣道大会が開催されたという記録もある。

本来の剣道は、心身の修養をめざして、一対一で正々堂々と試合をおこない、人生の道を究《きわ》めようとするもののはずだ。しかし、そんな崇高《すうこう》な武道精神は、見る影もなくなった。

戦争は、部活の形式も中身も変えてしまったのだ。

●部活の休止

各学校で学校報国団に組み込まれた部活は、文部大臣が会長を務める「大日本学徒体育振興会」によって統制《とうせい》された。大日本学徒体育振興会は、名前は体育を振興することになっているが、実際は生徒たちを戦争に向けて動員し、日本の軍事力を増強することをもくろんでいた。ますます部活を楽しむ雰囲気ではなくなってきた。

総力戦体制下の国防競技（栗本義彦『体力向上講座第5巻　体力向上と体育運動』保健衛生協会、1940年）

「敵国アメリカのスポーツを楽しむなど、けしからん」という理屈で、アメリカンフットボールは「鎧球《がいきゅう》」と名前が変えられて、結局禁止された。フェンシングやゴルフなどのカタカナ競技も、まとめて「敵性スポーツ」と呼ばれて禁止された。

代わりに何がおこなわれたかと

いうと、「国防競技」と呼ばれた新種の競技だ。たとえば、戦場で素早く行軍できるようにと、軍服を着て鉄砲を担《かつ》いで競争した。あるいは、戦場で食糧や武器を上手に運べるようにと、やはり軍服姿で、重い荷物を集団で引きずって運んだりした。

部活は、もはや部活とは思えないくらいに変わってしまった。それすらも、戦争が末期状態になってくると継続できなくなり、一切の体育・スポーツ大会が禁じられるに至った。明治時代から続けられてきた部活は、ついに休止することになり、終戦を迎えた。

3 戦後の部活に込められた理念

●「自主性」という理念

戦争が終わった後、部活は復活した。それは、戦前から続いていた部活の新たな始まりであり、いまに続く本格的な始まりでもあった。当時の様子を、戦後の部活に込められた「自主性」という理念に注目しながら見てみよう。

戦後になって、教育のあり方を一新しようと、改革がおこなわれた。戦時中には、子どもたちを、国家の命令どおりに動くような戦争の道具に仕立て上げようとする、軍国主義的な教育がおこなわれてしまった。それはダメだったという反省から、戦後は民主主義的な教育が構想された。

民主主義とは、国民自身が主人公ということだ。国民は、国家の言いなりになるのではなくて、自分で考えて自分で行動する「自主性」を持った主人公にならなければならない。そして、そんな「自主性」を持った国民を育てることが、戦後民主主義教育の使命になった。

とは言え、教育がこの使命を果たすことは、簡単ではない。なぜなら、「自主性」を持った国民を育てることは、それまでのロボットづくりのような教育パターンでは達成できないからだ。

ロボットをつくる時は、あらかじめ設計図があり、組み立てる部品もある。設計図どおりに部品を組み合わせて、頭脳に知識のパーツを埋め込んで、手足に筋力のパーツをくっつければ、ヒト型ロボットが出来上がり、となる。あとはスイッチオンで想定どおりに動いてくれるし、命令どおりに言いなりになる。そういう人づくりの仕方は、昔からある伝統的な教育パターンだ。

このやり方で、「自主性」を持った国民をつくれるだろうか。そうはいかない。なぜなら、そのやり方でつくられるのは、自分で考えることができず、自分で行動することもできないロボットにすぎないからだ。じゃあ、どんな教育をすればいいのか。民主主義教育をめざそうとした戦後の教育者たちは、頭を悩ませた。

そうして新しい教育のカタチを模索する中で、戦後の教育者は、部活に価値を見出した。その考え方はこうだ。「自主性」を持った国民を育てるためには、カリキュラムや授業だけでは不充分だ。カリキュラムは、いわば国のえらい人が決めた設計図のようなものだし、授業で生徒に一方的に与える知識や技能は、その設計図に沿った部品のようなものだから。

カリキュラムや授業も、それはそれで大事だけれど、それだけではロボットづくりと変わらない。自分で考え自分で行動する国民、つまり「自主性」を持った人間を育てるためには、生徒がカリキュラムや授業の枠に縛られず、自分の思うままにいろいろと試行錯誤したり、仲間どうしであーでもないこーでもないと相談したり、そんな生徒自身の「自主性」を中心にした教育場面が必要になってくる……だから部活！

部活の中心には、生徒の「自主性」がある。部活を教育として活用できれば、自分で考え自分で行動する「自主性」を持った国民を育てることができるんじゃないか。そんなふうに、戦後の教育者たちは考えた。

戦後になって、部活に「自主性」の理念が込められた。カリキュラムや授業に含まれない部活は、そうだからこそ「自主性」が発揮できる。逆に言うと、「自主性」を発揮するために、部活はカリキュラムや授業に含まれてはならない。

戦前から続いてきた部活に、「自主性」という戦後的な理念が込められた。こうして部活は、民主主義教育をめざす学校と教師にとって、とても重要な意味を持つことになった。

●だからスポーツは学校に結びつけられる

この「自主性」という理念は、なぜスポーツが学校に結びつくのか、という問いを解きほぐしてくれるキーワードになる。

第1章で見たように、スポーツが部活として学校でおこなわれていることは不思議であり、人格形成説も身体形成説もスポーツ文化説も、納得のいく答えを与えてくれなかった。では、どう考えればよいか。「自主性」の理念に注目した私の仮説はこうだ。

戦後の教育は、「自主性」の理念を大切にしようとした。この「自主性」の理念からスポーツを眺めてみると、まさにスポーツというものは、強制されるのではなく、「自主性」が発揮される場面のように見える。生徒が「自主性」を発揮して、自ら技術を伸ばしたり、努力を重ねたり、仲間と協力したりしていくものに見える。これはまさに、価値ある「自主性」が発揮された、すばらしい教育活動だ、と学校や教師は考えた。

スポーツをすると人格形成に役立つかどうか、身体形成に役立つかどうか、スポーツ文化が受け継がれるかどうか、と考える以前に、スポーツそのものに、「自主性」という戦後民主主義教育的な理念が見出された。だからスポーツが学校に結びつけられる……というのが私の仮説だ。

ただし注意してほしいのは、私が「自主性」という言葉にカギカッコをつけていることだ。と言うのも、私自身は、スポーツに本当に「自主性」が見出されると信じてはいない。それどころか、「自主性」という理念はどこか嘘くさく、疑わしいとすら思っている。

しかし私自身の考え方はともかくとして、「自主性ってすばらしいね、その自主性はスポーツの中にあるはずだ」と思っている学校や教師が現実にいたということに、私は注目した。「自主性がスポーツの中にある」と思った学校や教師が、その思いからスポーツを部活として学校に結びつけたのではないか、というのが私の言いたいことだ。

この仮説は、前著『運動部活動の戦後と現在──なぜスポーツは学校教育に結び付けられるのか』(青弓社、2014年)で学術的に考察したので、興味のある方はご笑覧いただきたい。

●「自主性」は実現されているか

さて、戦後に部活に込められた「自主性」という理念は、少なくともタテマエとしては、ずっと言われつづけてきた。現行の学習指導要領にも、部活は「生徒の自主的、自発的な」活動と書かれている。しかし、実際の部活で、「自主性」の理念は実現されているだろうか。

そう疑問に思うわけは、部活が生徒にとって強制になっている場合があるからだ。たとえば、顧問教師が「明日は出張だから、部活は休みにします」と言った時、生徒が「やった！　これで好きなことができる」と喜んだとすれば、その部活は生徒の「自主性」からズレている。生徒がしたいから「自主的」に部活をしているはずなのに、いつしか教師が強制的にさせている。生徒が、部活から逃れた時に喜びを感じて、部活以外の場面でこそ「自主性」を発揮できるとすれば、本末転倒だ。

ただし、こう言うと教師から反論が来るだろう。生徒の好き勝手にさせることを「自主性」とは呼ばないのだ。生徒の「自主性を育てる」ためにこそ、教師の教育的指導が必要なのだ、と。しかし、この言いぶんも、どこかおかしい。そもそも「自主性を育てる」なんてことが、そう簡単にできるのだろうか。もし教師が「自主的になれ！」と命令して、生徒が「はい！自主的になります！」と返事したら、その時点で、もはや自主的じゃないのだから。

実際に私たちの目の前にある多くの部活では、「自主性」の理念を掲げながらも、その理念が実現されているようには思えない。だから「部活は自主性が大事だよね」なんて素朴に言っても、嘘っぽちにしか聞こえないのだ。

ただ、急いで付け加えなければならないのは、いまの部活を考える時、学校が部活を必要とする理由は、「自主性」の理念だけではないことだ。授業では見られない生徒の特徴を部活でつかむ、ヤンチャな生徒を部活で更生させる、部活で規律を学ばせて訓練する。良くも悪くも、そういった生徒指導のために、部活は学校から必要とされている。

生徒指導と言うと、生徒を叱り飛ばす怖い教師が頭に浮かぶし、いかにも抑圧的なイメージで、およそ「自主性」の理念とはかけ離れてしまったようにも思える。どうして、そうなってしまったのだろうか。

戦後の出発点で、部活には「自主性」の理念が込められた。しかし、いまの部活を見ると、「自主性」の理念がそのまま実現されているわけではない。では、その間にどのような紆余《うよ》曲折があったのか。なぜ部活は、いまのように大規模に拡大したのか。次章では、部活の戦後の流れを詳しく見てみよう。

COLUMN

部活小説を語る

部活を描いた小説を語ろう。

『桐島、部活やめるってよ』(朝井リョウ、2010年)は、ベストセラーになって映画化もされた。部活をするのが当たり前になっているいま、部活をやめた「事件」を利用した、卓抜なタイトルだ。やめたっていいじゃない? とツッコミたくなるけれど。

『グラツィオーソ』(山口なお美、2010年)は吹奏楽部を描く。それにしても吹奏楽部は激しくタフな部活だ。練習量はハンパないし、競争意識も高いし、規律も厳しい。さながら「体育会文化部」だ。

『幕が上がる』(平田オリザ、2012年)は演劇部を描き、ももいろクローバーZ主演で映画化もされた。物語の冒頭が印象的だ。生徒はやる気があるけれど、顧問教師が素人なので、生徒は半ばあきらめぎみ。現場でよく見られる、一種の部活あるあるだ。著名な劇作家である作者・平田オリザさんとお会いした時に聞いてみると、平田さんは長年高校演劇に関わっていて、授業やワークショップで学校現場に足を運びつづけているという。演劇を知りぬいた作者は、部活のリアルも知っていた。

さて、『幕が上がる』の中身に戻ると、演劇部に元「学生演劇の女王」の新任教師が顧問として加わった。おかげで演劇部はメキメキ力をつけていき、「行こうよ、全国」が合い言葉になった。しかし! その名顧問教師が、突然、いなくなった(理由はいろいろだが、それもまた部活あるある)。残された部員は、驚きを隠せないが、もう自分たちの力でやるしかない。さあ、いよいよ舞台の幕が上がる……。

こうしたストーリー展開も印象的だった。顧問不在で迎えた生徒たちだけの舞台は、部活を通じた生徒の自立のメタファーだ。教師から指導と援助を受けて成長しながら、最後は生徒たちが独り立ちし、生徒たち自身の力で旅立っていく。部活の理想かもしれない。

COLUMN

もし部活研究者が「もしドラ」を読んだら

小説『もし高校野球の女子マネージャーがドラッカーの『マネジメント』を読んだら』(岩崎夏海、2009年)、通称「もしドラ」が大ヒットした。ピーター・ドラッカーの経営学を部活に持ち込んだ異色作だ。知り合いから「部活を研究してるなら絶対に読まなきゃ」と勧められて、私も読んでみた。とてもおもしろかった。「もしドラ」は、経営論として読んでもおもしろいし、部活論としてもおもしろい。

私が「もしドラ」で一番おもしろかったのは、主人公たちが、野球部は何をめざす組織なのか考えた末に、感動をめざす組織だ、と結論したところだ。野球部の目的は、試合での勝利ではなく、野球をすることですらない。感動こそ野球部の目的だという。

このように目的を決めると、いわゆる勝利至上主義に陥らないで済むし、野球以外のいろいろな種目や活動内容にまで広げて部活の意味を考えることができる。そして何より、感動したいという本人の動機づけが、部活の原動力になる。

ただし感動は、そう簡単には味わえないので、努力や工夫が欠かせない。周りの人も巻き込んでみんなで感動するためには、協力したり貢献したりすることも大切になってくる。そんな主体的で創造的で協働的な、部活のひとつの理想像が、「もしドラ」で描かれている。そうした部活論としてのおもしろさを感じた。

ところで「もしドラ」は、経営論や部活論としてだけでなく、野球論としてもおもしろい。「もしドラ」野球部は、ピンチの場面で強打者を迎えても、決して敬遠をしない。私は、そんな「もしドラ」野球部の思想を、拍手喝采して喜んだ。なぜなら私は、敬遠が大嫌いだから。だって部活マンガのヒーローは、敬遠なんてしないでしょ? そのあたりの話は、別のコラムであらためて。

第3章

なぜ部活は拡大したのか

明治時代に誕生し、
戦後に本格的な始まりを迎えた部活は、
その後どうなったのだろうか。
いまのように大規模に部活が拡大した背景に、
何があったのだろうか。
本章では、部活の戦後の流れを見てみよう。

1　部活の戦後

●戦後の部活の実態

部活の戦後の流れを見てみよう、と言った直後に申し訳ないが、実は部活がどう移り変わってきたのか、詳細はよくわかっていない。課外活動である部活は、学校教育の端《はし》っこにあるようなもので、国も研究者もしっかりと調査をしてこなかったからだ。

そんな中で、１９７７年に文部省がおこなった「小・中・高等学校における特別活動等に関する実態調査」は、運動部と文化部の両方を合わせた部活全般の実態を知ることができる貴重な調査だった。その結果を見ると、部活の設置率は、中学校で98・６％、高校で１００・０％であり、生徒の加入率は、中学校で74・５％、高校で72・６％だった。１９７７年当時で、部活はほとんどの学校にあり、４分の３くらいの中高生が加入する状況にまで広がっていたことがわかる。

もう少し細かく見てみると、部の種類ごとの設置率は図３−１のような結果だった。まず中学校の場合、設置率が高いのは、バレーボール部（94・３％）、卓球部（83・８％）、軟式野球部

（78・7％）などの運動部だった。文化部だと、器楽部（49・8％）の設置率が高かった。いまは人気のサッカー部は、当時の設置率は37・1％と低く、3校に1校くらいしかなかった。

次に高校の場合、設置率が高いのは、バレーボール部（99・0％）、卓球部（96・8％）、陸上

図3－1　1977年当時の中学校・高校の部活

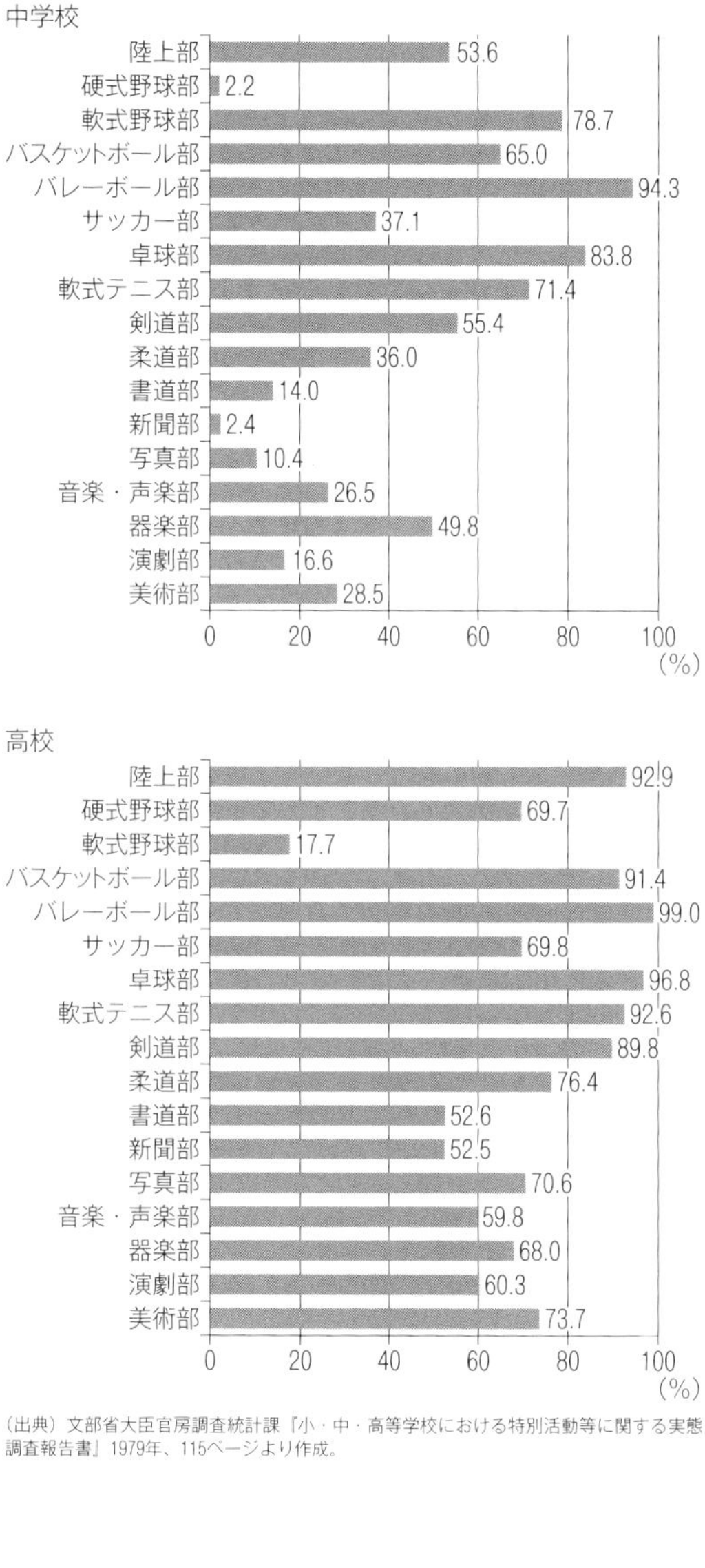

（出典）文部省大臣官房調査統計課『小・中・高等学校における特別活動等に関する実態調査報告書』1979年、115ページより作成。

部（92・9％）などの運動部だった。並んだ顔ぶれは中学校と似通っているが、全体的に設置率は中学校よりも高かった。文化部だと、美術部（73・7％）と写真部（70・6％）の設置率が高かった。

部活の種類や設置率を見ても、1977年当時で、部活はかなり広まっていたことがわかる。

●拡大してきた運動部活動

部活全般の調査はあまりおこなわれてこなかったが、運動部に限ると、複数の調査がおこなわれてきた。それらをつなぎ合わせると、中学校・高校の運動部活動の流れを、いくつかの側面からつかむことができる。

まずは生徒の加入率。**図3－2**に、中学校・高校の運動部活動への生徒加入率の推移をまとめた。これを見ると、生徒加入率は、1955年に中学校で46・0％、高校で33・8％であり、終戦後からすでに一定の規模で運動部活動が成立していたことがわかる。

その後、東京オリンピックが開催された1964年に、中学校で45・1％、高校で31・3％であり、1960年代に加入率がやや低下した。

しかし、1977年には中学校で60・9％、高校で38・8％となり、1970年代に入ると一転して増加傾向を見せた。さらに、1987年に中学校で66・8％、高校で40・8％となり、

１９８０年代は増加しつづけた。

その後は、１９９６年に中学校で73・９％と最高値を示し、高校も49・０％とさらなる増加を示した。そして２００１年には、中学校で73・０％とやや低下したが依然として高止まりしていて、高校では52・１％と最高値を示している。

このように、運動部活動への生徒加入率は著しく増加してきた。

次に活動日数はどうだっただろうか。大ざっぱに言うと、１９５０年代は週４日前後だったが、１９６０年代から１９７０年代にかけて増えたり減ったりしながら、１９９０年代から２０００年代になると週５〜６日になった。運動部活動の活動日数は、戦後に増加してきた。

図3-2　中学生・高校生の運動部活動への加入率

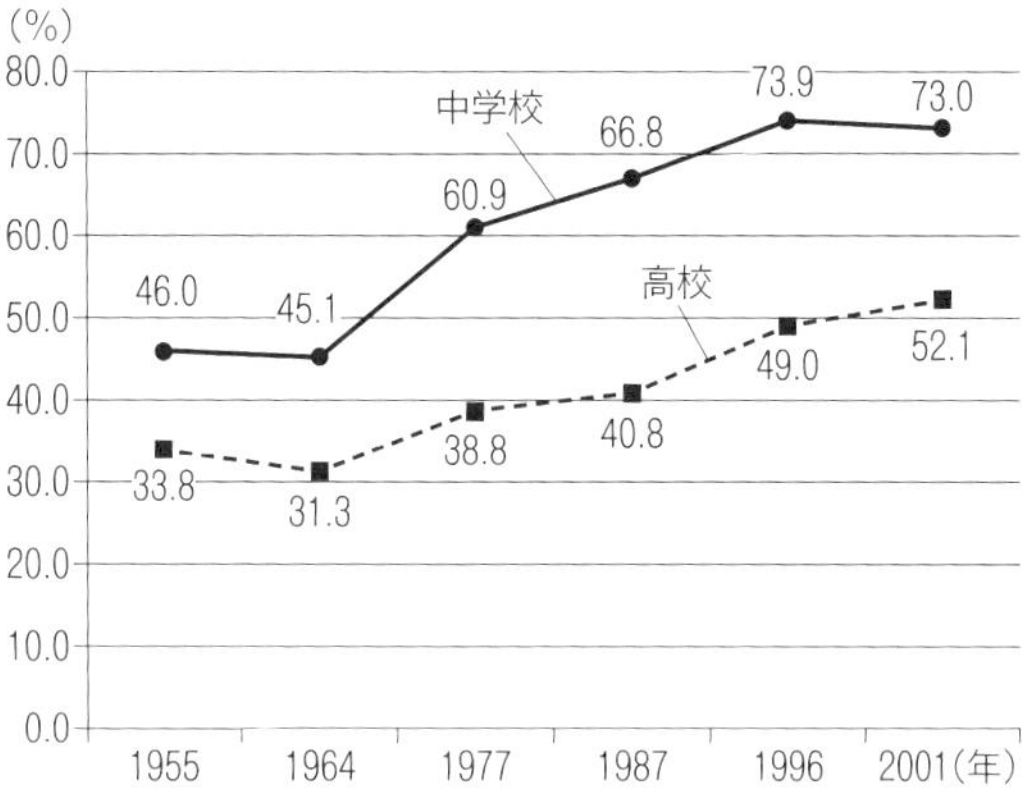

(出典) 中澤篤史『運動部活動の戦後と現在』青弓社、2014年、96ページ。

●増大してきた教師の関わり

教師の関わりはどうか。

いまと比べると、１９５０年代までは、運動部活動に関わる教師は少なく、その関わり方も小さかった。教師全体の中で、顧問に就く教師は半分くらい。ただし当時は、指導はしない、引率もしない、たまに少しだけ助言する、というくらいの関わり方しか持たない顧問教師がいた。また、そもそも顧問教師がおらず、指導は地域住民に任せっきりという部活もあった。教師の関わり方は、いまとはずいぶん違った。

1970年代から、運動部活動に関わる教師の数は増え、関わり方も大きくなっていった。部活には教師が顧問に就くことが、一般的になっていった。そして、その顧問教師が指導から引率まで引き受けることも、一般的になっていった。当時の顧問教師は、だいたい週3日ほど、部活の指導をしていた。この頃に、いまにつながる教師の関わり方の基本パターンができあがった。

その後、教師の関わりはさらに大きくなっていった。2000年代になると、6割以上の教師が運動部活動の顧問に就くようになった。指導日数も週4日ほどに増え、顧問教師の半数以上は週5日以上部活を指導するようになった。いよいよ、多くの教師が全面的に部活に関わるようになった。

このように、部活への教師の関わりは、戦後を通して増大してきたのだ。

では、部活が戦後に拡大してきた背景、そして教師の関わりが増大してきた背景に、何があったのだろうか。以下では、戦後からいまに続く流れを、3つの時代に分けて見てみよう。

2　民主主義と部活——1945年、戦後改革の時代

●甲子園野球の復活

1つめの時代は、1945年からの戦後改革の時代だ。キーワードは「民主主義」。部活と民主主義の関係に注目しながら、当時の様子を見てみよう。

終戦からちょうど1年後の1946年8月15日に、高校野球の甲子園大会が復活した。ただし正確に言うと、甲子園球場は占領軍に接収されていたので、西宮球場で開催された。戦後初の「甲子園」大会の会場は、甲子園ではなかった。

その大会の印象的なエピソードを紹介しよう。次ページの写真は、開会式の様子だ。満員の球場の中で、なにやら外国人がお祝いの言葉を述べている。この外国人は、アメリカ人のポール・ラッシュ氏。占領軍の軍人で、いわゆるGHQ将校だ。アメリカの軍人が、復活した高校野球で祝辞を述べている。どういうことか。

ラッシュ氏は、戦前から日本でキリスト教伝道師として活動しながら、日本文化への造詣《ぞうけい》も深め、立教大学教授を務めるなど、日米交流の架け橋となっていた。アメリカ人らしくスポー

ツ好きで、スポーツを通した青少年育成や国際交流にも積極的だった。特に、日本では馴染みのなかったアメリカンフットボールの普及に尽力して、その功績から「アメフトの父」とも呼ばれた。日本が戦争に突入してしまうと、ラッシュ氏は一時、アメリカに強制帰国を余儀なくされたが、戦後になってふたたび日本に戻り、占領軍の軍人の立場で日本の再建に関わることになった。

ラッシュ氏は、日本を民主主義国家として再建するために、そして日本の青少年を民主的な人間に育成するために、スポーツを活用しようとした。戦争被害で校舎は焼け野原になり、軍国主義的な教科書は墨で塗りつぶされて、戦後の学校教育は、文字どおりゼロからスタートした。その時、スポーツは希望の光だった。自主的・自発的・自治的におこなうスポーツの力でもって、民主主義的な教育が実現できる、と信じられた。

戦後初の甲子園大会で祝辞を述べるポール・ラッシュ（山梨日日新聞社編『清里の父　ポール・ラッシュ伝』1986年、ユニバース出版社、345ページ）

そうした背景の中で、ラッシュ氏は高校野球を復活させた。開会式でラッシュ氏は、「オメデトウ」と祝辞を述べ、選手たちと握手を交わしながら、アメリカから届けられた白球をプレゼントした。真っ青な空にはアメリカ空軍機が、セレモニーとして飛んだ。日本が迎えた初めての終戦記念日だった。

●軍国主義から民主主義へ

戦後の部活は、戦後教育改革とともにスタートした。

学校教育は、戦前の軍国主義から、戦後の民主主義へと大きく変化した。その流れの中で学校体育は、体操からスポーツへと大きく変化した。教師が一斉に号令をかけて生徒がそのとおりに体を動かす体操ではなく、生徒が楽しみながら好きなように体を動かすスポーツこそが、これからの民主主義的な教育には大切だと考えられた。そこで、そうしたスポーツを教育としておこなう部活に注目が集まった。

部活では、教科の枠を越えて、スポーツを思う存分にできる。スポーツは、自主的・自発的・自治的におこなわれるのだから、まさに民主主義を学ぶ絶好の機会になるはずだ。好きなスポーツを自分から進んでおこなうのだから、教育効果もいっそう上がるだろう。そんなふうに考えられて、スポーツ、そして部活に、「自主性」という価値が与えられた。

このように、戦後教育改革で部活は、民主主義的な意義があると意味づけられた。その結果、部活は多くの生徒に行き渡るように整備されていった。

しかし、戦後から現在に続く部活は、期待された民主主義的な意義がそのまま実現されたわけではなく、その時々の社会背景に振り回されながら移り変わっていった。なぜなら、社会背景が変わると、部活への期待や果たすべき役割も変わったからだ。

しかし、それだけではない。民主主義的な意義が実現できなかったのには、別の理由もあるように思う。それは、民主主義、民主主義と言いながら、そこで言われる民主主義とはどういうことかが、はっきりと理解されていなかったからだ。アメリカから突然持ち込まれた「民主主義」の意味や価値を、当時の人たちはどれだけ理解していたのだろうか。民主主義って良いらしいよと感じながらも、なぜ良いのかを説明できる人がどれだけいただろうか。いや、21世紀に入った今でも、「民主主義って何だ?」としばしば問われるのだから、当時の人だけを責めることはできない。それくらい民主主義は難しい。

そんな民主主義を、戦後の日本、教育、学校はめざした。その戦後民主主義教育の中に部活がぴったりと、いや、なんとなく、はまったのだ。

3　平等主義と部活——1964年、東京オリンピックの時代

●東京オリンピックと部活

２つめの時代は、１９６４年の東京オリンピックの時代だ。もう少し限定すると、東京オリンピックが終わった後の時代だ。そこでのキーワードは「平等主義」。部活と平等主義の関係に注目しながら、当時の様子を見てみよう。

１９５９年、アジア初のオリンピックとして、東京オリンピックの開催が正式に決定され、日本中がスポーツ熱で盛り上がってきた。すると部活は、選手養成の重要な場所として注目されるようになった。学校現場には、部活を通じて、将来有望な優秀選手を発見したり、日本代表になるような一流選手を育てたりすることが期待された。

それにあわせて、国による部活の規制が緩められていった。たとえば、中学生の場合、それまでは教育的な配慮から、宿泊を伴う遠征や全国大会などが制限されていたが、それが認められるようになった。競技力を上げるために、どんどん試合をしようじゃないか、日本一の選手を決めてオリンピックに送り込もうじゃないか、という流れができた。

実際、１９６４年東京オリンピックの日本選手団３５５人のうち、14人は現役の高校生だった。陸上や水泳の種目で、高校生アスリートはオリンピックに出場した。候補選手の段階では、高校生の数はもっと多くて、中学生も含まれていた。

東京オリンピックという国家的イベントの流れに巻き込まれながら、部活は競技力を向上させる役割が期待されていった。その結果、部活は、誰もが気軽にスポーツを楽しむ場所というよりも、一部の生徒を一流選手として養成する場所になっていった。

●選手中心主義から平等主義へ

しかし、このように部活を一部の選手のための場所にしてしまうことは、平等主義的な観点から批判された。教師たちは、「選手になれないたくさんの生徒が、見物や応援をするだけで、スポーツをできなくなった」、「選手になること、勝つことだけをめざしてしまい、スポーツを楽しめなくなった」と問題視した。

そこで、スポーツの機会を平等に保障しようとする実践もおこなわれはじめた。たとえば、「全校スポーツ活動」といった名前で、運動が苦手な生徒もスポーツ経験のない生徒も、みんなで一緒に平等にスポーツをしようとする学校があった。

東京オリンピックを境にして、部活の役割と意義が、一部の生徒を一流選手に育てようとする選手中心主義から、すべての生徒に平等なスポーツ機会を与えようとする平等主義へ変わっていったのだ。

それを象徴する政策が、1969年・1970年の学習指導要領で設けられた「必修クラブ活動」だった。必修クラブ活動は、教育課程内の特別活動の中に設けられたので、授業として実施され、全生徒が参加することになった。必修クラブ活動を設けることで、すべての生徒にスポーツや文化活動にふれる機会を与えながら、スポーツを普及させていくことがめざされた。必修クラブ活動に触発されて、運動部活動への加入者も増えはじめた。

しかし、この必修クラブ活動は、学校現場を混乱させた。必修クラブは、これまでの部活と同じなのか違うのか。クラブと言うと「自主的」な活動のはずだが、それを「必修」にするとはどういうことか。教師たちは、必修クラブ活動に対してそうした疑問を抱いたり、悩んだり苦労したり、時には反対したりもした。

特に日教組は、必修クラブ活動に猛烈に反対した。その様子を次に見てみよう。なお、この必修クラブ活動については、部活の政策を扱う第5章で、あらためて詳しく解説する。

必修クラブ活動に反対した日教組

日教組の正式名称は日本教職員組合。1947年に結成された日本最大の教職員組合で、教師の労働条件の改善を求めたり、理想的な民主主義教育をめざして実践したりしてきた。日教組は、部活についても熱心に議論したり実践したりしてきたが、必修クラブ活動については激しく批判した。その理由は、教師の負担が増大してしまうから、施設や用具が足りないから、生徒の成績評価が難しいからなどいろいろあったが、最も大きな理由は、必修クラブ活動が、日教組の理想とする民主主義教育を妨《さまた》げるから、というものだった。

日教組は、「必修クラブ活動は、生徒全員を強制的にクラブへ加入させることになり、生徒の自主性を大切にできなくなる」と主張した。それに、「必修クラブ活動を強引に実施することになれば、教師の自主性を大切にできなくなる」とも主張した。良い教育を実現するためには教師の「自主性」が必要であり、特にクラブ活動は教師の「自主性」が最も必要になる場面だ、と日教組は考えたからだった。

生徒と教師の「自主性」を守るため、日教組は、必修クラブ反対闘争をおこなった。この闘争は全国に広がり、激しくおこなわれた地域もあった。いくつか具体的に見てみよう。

大阪では、組合員の教師と対立した校長が退職に追い込まれた様子が、次のように生々しく報告されている。

「まる一年間にわたる『必修クラブ反対闘争』が起こる。カリキュラム委員会及び必修クラブ検討委員会は『置かない』と結論づけたが、教頭が抵抗。職員会議で検討したが、あらゆる観点から徹底的に批判され、圧倒的多数（賛成ゼロ）で置かないと決まる。それでもなお校長は教務に圧力をかけたり、二度にわたって提案したりしては否決され、ついに退職する。新校長もおどしたりすかしたりで再三実施を強要するが、団結の力ではね返す。」（大阪教職員組合「中教審路線と対決する職場づくり――職場の民主化と必修クラブ反対闘争」『日本教職員組合第23次教育研究全国集会報告書』1974年。強調は原文のまま）

九州地方でも闘争は激化した。熊本では、必修でありながら、実施しない学校が急速に増加していった。そして鹿児島や福岡では、教育委員会と管理職から、必修クラブを実施しなさいと職務命令が出たことで、問題がいっそう大きくなった。福岡の組合員の教師は、「地域・父母のみなさんへ！　命令と強制の全員必修クラブ反対を訴えます！」と書いたビラを、地域住民や生徒の保護者に配布して活動をおこなった。

このように日教組は、生徒と教師の「自主性」を守ろうと、必修クラブ活動に反対した。その一方で日教組は、従来の部活の意義を見直した。やはり生徒と教師の「自主性」を大切にし、民主主義教育を進めるうえでは、部活が良いのかもしれない。確かに部活は、教師の負担が大きいが、それでもやはり大切なのかもしれない。そんな部活を、平等に、生徒全員に与えることが、教師の使命なのかもしれない。日教組はそのように考えた。

必修クラブ活動を否定することで、日教組は、負担が大きく問題視されていた部活を、皮肉にも手放すことができなくなった。その結果、部活は拡大していき、部活にたずさわる教師の肉体的・心理的・経済的負担は、無視できないほどに大きくなっていった。

それゆえ、部活を地域に移してしまおうという試みも検討された。しかし、部活の地域移行は失敗し、結局、部活は学校にとどまりつづけた。その理由は、次に到来した校内暴力という時代背景が関係していた。時計の針を1980年代に進めてみよう。

4　管理主義と部活——1980年代、校内暴力の時代

●「不良×部活＝感動」のメディア戦略

3つめの時代は、1980年代の校内暴力の時代だ。キーワードは「管理主義」。部活と管理主義の関係に注目しながら、当時の様子と、いまに続く流れを見てみよう。

1984年にTBSで、テレビドラマ『スクール☆ウォーズ』が放映され、大ヒットを記録した。悪さばかりする荒くれ生徒集団を、元ラガーマンの熱血教師がラグビー部を通じて指導する。いつしか生徒は、ラグビーの魅力に目覚めて、部活をきっかけに成長し更生していく。感動的な作品として、思い出深い読者もいるだろう。ここには、「不良×部活＝感動」という

メディア戦略がある。

マンガの世界でも、『ろくでなしＢＬＵＥＳ』（森田まさのり、１９８８年連載開始）は、いわゆるヤンキーマンガの先駆けだが、実は物語が始まった当初、ボクシング部がモチーフになっていた。授業には見向きもしない不良も、部活だけは別だ。部活には不良も熱中してしまう。

大ヒットしたバスケ部マンガ『ＳＬＡＭ　ＤＵＮＫ』（井上雄彦、１９９０年連載開始）では、三井というキャラクターが不良の更生物語を体現している。中学時代からスター選手だった三井は、高１の時のケガがきっかけで挫折し、バスケをやめて不良になっていた。それでも心のモヤモヤが消えない三井は、逆ギレして、バスケ部をぶっつぶしてやると体育館に乗り込んだ。殴る蹴るの大乱闘の最中、自分は何をしているのかと自問する三井。その時、顧問の安西先生が体育館にやって来た。かつて「あきらめたらそこで試合終了だよ」と教えてくれた恩師だ。三

部活マンガでの不良の更生物語（『SLAM　DUNK』8巻、186〜187ページ）。©井上雄彦　I. T. Planning, Inc.

『ROOKIES』（文庫版3巻、318～319ページ）。©森田まさのり・スタジオヒットマン／集英社

井は、いまでもバスケが好きだという自分の本当の気持ちに気づき、安西先生の前で泣き崩れ、「バスケがしたいです」と声を振りしぼる。そうして三井は、バスケ部に戻った。不良と部活が絡み合うこのシーンを読むと、ああ、泣いてしまう。

最後にもうひとつ、『ＲＯＯＫＩＥＳ』（森田まさのり、１９９８年連載開始）。暴行事件で活動停止状態の野球部に、熱血顧問教師の川藤《かわとう》が赴任《ふにん》してきた。川藤は、いまどき古くさいほどに熱っぽく、「夢にときめけ！　明日にきらめけ！」と大真面目に語りかける。そう語りかけても生徒がすぐに振り向くわけがないが、川藤は決してあきらめず、一人ひとりに辛抱強く関わり、夢を持ってがんばることのすばらしさを伝えようとする。暑苦しいほどに情熱的な川藤に対して、生徒はいつしか心を開き、一人また一人と変わっていき、自堕落《じだらく》で暴力的な生活から更生し、仲間と友情を育み、野球に一生懸命になっていく。最後の不良生徒だった最恐・新庄が仲間に加わって、野球部がついに一致団結した時……そりゃあ泣いてまうやろ！

調子に乗って、部活マンガを語りすぎてしまった。続きはコラムで。

さて、このように1980年代から「不良×部活＝感動」のメディア戦略が生まれて、いまに続いている。では、学校現場に目を移し、リアルな部活の様子を見てみよう。

●非行防止手段としての部活

1980年代の学校では、校内暴力事件が多発し、生徒の非行問題への対処が迫られた。こうした背景から、部活は非行防止手段として役に立つ、と教師は意味づけはじめた。

万引き、酒、タバコ、不純異性交遊……そして校内暴力。良からぬ非行に走る生徒を、何とか更生できないものか。授業を通して立派な人間に育てようと思っても、ヤツらは授業中は寝てるだけ。それならまだマシで、授業にも出て来なかったりする。下手に厳しく指導すれば、殴りかかってくるかもしれない。

だったら部活に入れて、何とかできないか。部活で好きなスポーツに打ち込ませれば、エネルギーの発散になるかもしれない。部活指導を通して生徒指導ができるかもしれない。部活で非行生徒を管理できるんじゃないか。そんなふうに教師は考え、実践した。

その実践の様子は、当時の体育専門雑誌などに掲載され、「スポーツで非行防止」、「部活で非行生徒を更生」、「部活充実で非行ゼロに」といったスローガンが広まった。

具体例を紹介しよう。バレーボール部顧問の中学校教師が書いた、「部活動こそ非行化の歯止め」というタイトルの記事だ。その教師によると、中学3年の男子生徒S君は、学力が低く、万引きやシンナー遊びをする非行生徒だったという。そこでこの教師は、S君を、自身が顧問を務めているバレーボール部に入部させた。その後の様子は次のように書かれてある。

「（S君は）技術的にはかなり上手であったので練習でも部員についていけた。皆と同じぐらいやれるという自信からバレーボールが好きになってきた。練習試合でも時々メンバーの中に入れると、いいプレーが出て来るようになったので、終りのミーティングで賞《ほ》めてやると、はずかしそうに、笑っていた。私は『これからはしぼるぞ』というと『ハイ』という答えがもどって来た。それからは、毎日クタクタになるまで練習をした。時々練習を休むということがあったので教室の前で待って、さぼらせない方法をとっているうちに、練習・練習試合にも出るという日課が続き、遊ぶ時間を与えなかった。」（林正義「部活動こそ非行化の歯止め」『体育科教育』28巻2号、1980年）

この教師は、S君がバレーボールを「好きになってきた」ことを活用しながら、「毎日クタクタになるまで練習」をさせ、結果的に「遊ぶ時間を与えなかった」という。そうして非行生徒を管理し更生させようとした。

このように非行防止手段として部活が意味づけられたことで、学校や教師は、生徒指導上の必要性から、部活への関わりをこれまで以上に大きくしていった。

この時期に部活は、管理主義的に変わっていった。それまで部活には「自主性」という価値が与えられていたが、皮肉にも、管理主義がその「自主性」を利用することで、部活はかつてないほど大規模に拡大していったのだ。

●戦後から現在へ

まとめておこう。部活がこれほど拡大した背景には、戦後の3つの時代とキーワードがあった。1つめは、戦後改革の時代の民主主義。2つめは、東京オリンピックの時代の平等主義。3つめは、校内暴力の時代の管理主義。部活は、学校全体のあり方や社会の状況と関連していて、その関連が積み重なって、ここまで拡大してきた。

では、その後の部活はどうなったか。1990年代から2000年代までの部活の流れを、ざっと見ておこう。

大規模に拡大した部活は、もはや学校や教師のみで支えることが難しくなった。部活は、学校と教師を苦しめる、排除されるべき教育問題として扱われるようになった。

こうした中でふたたび、部活を地域へ移行しよう、という声が大きくなり、「学校スリム化」や「総合型地域スポーツクラブ」といった言葉が踊りはじめた。もう部活の時代は終わりだ、これからは地域の時代だ、というわけだ。

政策としても、部活の地域移行を視野に入れながら、部活の自由度を高めようと、必修クラブ活動が廃止された。さらに文部省は、「個性尊重」や「特色ある学校づくり」と部活を絡めながら、いろいろな部活のあり方が可能になるように、対外試合制限などの規制を撤廃《てっぱい》した。

そうして各学校は、部活で地域住民や保護者と連携することや、部活そのものを地域へ移行することを求められた。大規模化した部活は教育問題として見なされ、その問題解決が、部活の解体も含めて模索されることになった。

しかし、いまも部活は学校に残りつづけている。部活はやはり地域へ移行しなかったし、解体されることもなかった。なぜ部活は残ったのか、そしてどのように続いているのか。次章では、部活のいまを見つめ直してみよう。

COLUMN

「部活動」という言葉

部活という言葉は、「部活動」の省略形だが、その「部活動」という言葉は、いつから使われるようになったのか。

部活はすでに戦前からあったが、その頃は「校友会」という名前だった。戦後になると、「学校クラブ」とか「クラブ活動」と呼ばれたが、「部活動」という言葉はなかなか登場しなかった。

試しに大手新聞記事を検索してみると、「部活動」という言葉が見出しになった初めての記事は、『毎日新聞』1972年11月28日付（「どこへゆく中学の部活動」）だった。『朝日新聞』では1973年9月11日付（「部活動自粛か　同大ラグビー部」）、そして『読売新聞』では1975年6月19日付（「教育の現場でもめる　中学校の部活動問題」）だった。

どうやら1970年代はじめに「部活動」という言葉が一般的に使われはじめたようだ。なぜだろうか。

1969年・1970年の学習指導要領で、必修クラブ活動が授業としておこなわれるようになったことが、その背景にある。本文中でもふれたが、それまで教育課程外でおこなわれてきた部活としての「クラブ」とは別に、教育課程内で授業としておこなわれる必修の「クラブ」が新しく設けられた。

「クラブ」が2つ？　と学校現場は混乱してしまい、それぞれを区別して呼ぶ必要が出てきた。「必修クラブ」に対して「選択クラブ」と呼んでみたり、教育課程の内か外かを区別するため「課内クラブ／課外クラブ」と呼び分けてみたり。

そして、新しい必修授業のほうを「クラブ活動」と呼んで、以前からあった課外のほうを「部活動」と呼ぶことが定着してきた。「部活動」という言葉は、そうして誕生した。

部活は戦前からあったが、言葉の使われ方で見ると、「部活動」の歴史はそれほど古くないのだ。

COLUMN

なぜ部活の地域移行は失敗したのか

部活の地域移行が検討されながら、結局学校に部活が残った背景には、1980年代の校内暴力と関連した「管理主義」があったわけだが、他にも理由があった。事故が起きた場合の補償制度が整わなかったことだ。

部活は学校の教育活動としておこなわれるため、事故が起きると、国の災害共済給付制度で公的に補償される。しかし、部活ではなく地域活動としておこなうと、この制度で補償されなくなってしまう。

とすれば、地域移行を進めるためには、地域活動での事故を補償する制度が必要になる。

実は、1970年代の熊本県は、そのような独自の補償制度をつくって、部活の地域移行を推し進めた。当時、部活の事故を補償する国の災害共済給付制度は、たとえば死亡見舞金が300万円だった。これに対して、熊本県は、独自に地域活動を補償する制度をつくり、そこでは死亡見舞金が1千万円だった。部活としておこなうより、地域で活動したほうが、手厚い補償が受けられることになった。

これが追い風になって、熊本県では部活がどんどん地域に移行していった。一時は、中学生の半分以上、高校生の2割ほどが地域のスポーツクラブに加入するまでになり、「社会体育の勝利」なんて呼ばれたりもした。

ところがその後、1978年に、国は災害共済給付制度を改正し、学校でおこなう部活に、さらに手厚い補償を用意した。死亡見舞金で言えば、300万円から1200万円へ増額した。熊本県独自の補償制度よりも手厚くなったのだ。

これが理由のひとつになって、熊本県の部活は、地域からふたたび学校へ戻った。部活の地域移行の成否には、事故の補償制度のあり方も関係している。

経済格差と部活

部活はいろいろと問題があるので、地域へ移行しよう、とずっと言われてきた。なかなか現実には進まなかった部活の地域移行だが、もし実現すると、逆に問題は出てこないのだろうか。

ここでは、生徒の家庭の経済格差という観点から考えてみたい。私が西島央さんたちとおこなった調査を紹介しよう（詳しくは、西島央編著『部活動』学事出版、2006年、114〜126ページ）。

中学生の家庭背景を、経済的な豊かさを尺度にして「上」「中」「下」と分けて、それぞれの生徒が学校外活動や部活にどのように参加しているかを分析した。

学校外活動に参加している生徒の割合は、家庭背景が「上」で48・7%、「中」で34・2%、「下」で25・6%だった。つまり、経済的に豊かな家庭の生徒ほど、学校外活動に参加していた。

他方、部活に参加している生徒の割合は、家庭背景が「上」で87・3%、「中」で85・7%、「下」で89・2%と、ほとんど変わらなかった。つまり、経済的に豊かかどうかにかかわらず、生徒は部活に参加していた。

学校外活動と部活の両方に参加している生徒の割合を見てみると、家庭背景が「上」で40・7%、「中」で26・5%、「下」で21・2%だった。部活のみに参加している生徒の割合は、「上」で47・3%、「中」で59・1%、「下」で67・3%だった。つまり、経済的に豊かなほど、両方に参加していて、経済的に豊かでないほど、部活だけに参加していた。

まとめると、学校外活動とは違って、部活は家庭背景によらずに参加できる。どんな生徒に対しても平等に活動機会を与える点が、部活の良いところだ。

この点を忘れて部活を地域へ移してしまえば、経済的に豊かでない家庭の生徒が、活動機会を得られなくなってしまう。

第4章

いま部活は
どうなっているのか

戦後に拡大してきた部活は、

いまどうなっているのか。

学校や教師の負担になり、

教育問題とも言われる部活は、

なぜ大規模なまま残りつづけているのか。

本章では、部活のいまの様子を探ってみよう。

1　数字で見る部活のいま

●中学生の9割、高校生の7割が部活に加入

いまの部活も、しっかりと調査されているわけではないので、やはり実態はよくわからない部分も多い。運動部と文化部を兼部している生徒がいたりするし、加入しているのかはっきりしない幽霊部員がいたりもするし、調査時期によってはもう引退している生徒も多かったりする。部活の実態はつかみづらい。

それでも、いくつかの調査結果をふまえれば、中学生の9割、高校生の7割ほどが部活に加入していると言えそうだ。

まずは中学校から。2016年12月に、全国の中学2年生全員を対象にした、スポーツ庁「平成28年度全国体力・運動能力、運動習慣等調査」の結果が発表された。国による最新の調査で、部活の加入率も調べられた。それによると、男子は、運動部所属が78・2%、文化部所属が8・2%、合わせて86・4%だった。ただし、運動部と文化部を兼部している男子が0・3%なので、それを引くと、86・1%の男子が部活に加入していることがわかる。

同じように女子を見てみると、運動部所属が57・7％、文化部所属が32・5％で、足し合わせると90・2％だった。兼部している0・3％を引くと、89・9％の女子が部活に加入している。まとめると、およそ9割の中学生が部活に入っている。

次に高校の場合、2014年の国立青少年教育振興機構「青少年の体験活動等に関する実態調査」によると、運動部加入率が50・6％、文化部加入率が27・3％で、足し合わせると77・9％。ただし高校の場合、運動部と文化部を兼部する生徒も多いので、少し控えめに見て、部活加入率は7割くらいではないか。

ベネッセ教育総合研究所の調査も参考になる。2008年と2013年の「放課後の生活時間調査」によると、高校生の部活加入率は71・7％〜75・7％と、やはり7割ほどだ。

つまり、おおよそ中学生の9割、高校生の7割が部活に加入している。いまの学校で、部活の存在感は大きい。

加えて、生徒に部活加入を義務づけている学校も少なくない。私が西島央《ひろし》さんたちと一緒に全国8都県の中学校を調査したところ、地域差は大きかったが、静岡県や香川県で半分の中学校、岩手県のほぼすべての中学校で、生徒に部活加入を義務づけていた（中澤篤史ほか「中学校部活動の指導・運営の現状と次期指導要領に向けた課題に関する教育社会学的研究」『東京大学大学院教育学研究科紀要』48巻、2008年）。

●教師の9割が部活の顧問

教師についてはどうか。こちらもしっかりと調査されてこなかったので、よくわからない部分もたくさんあるが、どれくらいの教師が部活の顧問に就いているかを見てみよう。

２００６年の「教員勤務実態調査」によると、中学校教師の場合、運動部顧問が58・５％、文化部顧問が17・７％、顧問なしが13・７％だった。ただし、ここには校長や教頭など管理職も含まれている。それらを抜いて教諭だけ、つまり普通の先生だけを見てみると、運動部顧問が70・９％、文化部顧問が21・５％、顧問なしが６・８％。運動部と文化部を合わせると、92・４％になる。

高校教師の場合も同じように見てみると、運動部顧問が55・５％、文化部顧問が30・０％、顧問なしが９・０％だった。校長や教頭などを抜いて教諭だけで言うと、運動部顧問が62・９％、文化部顧問が33・１％、顧問なしが２・９％。運動部と文化部を合わせると、96・０％になる。

中学校・高校の教師の９割が、部活の顧問を務めているのだ。

さらに、教師全員が顧問に就く、という全員顧問制をとる学校も多い。スポーツ庁「平成28年度全国体力・運動能力、運動習慣等調査」によると、全国の87・５％の中学校で、全員顧問

表4－1　運動部活動に加入する生徒の入部理由と悩み

入部理由	中学校	高校
そのスポーツを楽しみたかったから	46.6%	46.9%
そのスポーツをうまくなりたかったから	39.2%	33.4%
体を鍛えたかったから	17.9%	13.0%
選手として活躍したかったから	15.1%	21.2%
仕方なく	9.0%	3.3%
悩み	**中学校**	**高校**
休日が少なすぎる	20.9%	22.6%
疲れがたまる	19.0%	22.5%
遊んだり勉強する時間がない	18.2%	21.5%
思うほどうまくならない	18.0%	20.9%
特別の悩みはない	23.7%	19.6%

（出典）運動部活動の実態に関する調査研究協力者会議『運動部活動の実態に関する調査研究報告書』2002年、より作成。入部理由は用意された選択肢から最大２つ、悩みは用意された選択肢から最大３つを選ぶ方式で調査された。表中の%は、その項目を選んだ生徒の割合。入部理由の「仕方なく」は、「入りたい部が自分の学校になかったから仕方なく」と「全員加入で仕方なく」を足し合わせた。

制がとられていた。

●部活の目的や悩み

少し古くなるが、運動部活動については２００１年に詳しく調査された。

運動部活動に加入する生徒の入部理由と悩みを、**表４－１**に示した。生徒の入部動機は、「そのスポーツを楽しみたかったから」や「そのスポーツをうまくなりたかったから」が多い。ただし中には、入りたい部がなかったり、全員加入という学校方針に従ったりして、「仕方なく」入部する生徒もいる。

悩みについては、「特別の悩みはない」という生徒がいる一方で、「休日が少なすぎる」、「遊んだり勉強する時間がない」と悩みを抱える生徒もいる。

次に教師について、運動部活動の顧問教師がめざす指導目標と指導上の悩みを**表４－２**に示した。顧

表4-2　運動部活動の顧問教師の指導目標と悩み

指導目標	中学校	高校
協調性や社会性を身につけさせる	51.1%	46.0%
精神力や責任感を育てる	36.3%	35.3%
将来にわたってスポーツに親しむ態度を育てる	31.0%	23.9%
競技力を向上し大会で少しでも良い成績をおさめる	26.5%	40.5%
体を鍛え将来活力ある生活ができるようにする	20.1%	14.2%
悩み	**中学校**	**高校**
校務が忙しくて思うように指導できない	51.2%	48.9%
自分の専門的指導力の不足	42.9%	39.7%
自分の研究や自由な時間等の妨げになっている	22.3%	17.4%
施設・設備等の不足	19.7%	22.6%
特にない	2.5%	3.6%

（出典）運動部活動の実態に関する調査研究協力者会議『運動部活動の実態に関する調査研究報告書』2002年、より作成。指導目標は用意された選択肢から最大２つ、悩みは用意された選択肢から最大３つを選ぶ方式で調査された。表中の%は、その項目を選んだ顧問教師の割合。

問教師は、「協調性や社会性を身につけさせる」、「精神力や責任感を育てる」といった教育面や、「競技力を向上し大会で少しでも良い成績をおさめる」といった競技面で、運動部活動の指導目標を考えている。

指導上の悩みが「特にない」という顧問教師はきわめて少数であり、多くの顧問教師は「校務が忙しくて思うように指導できない」と悩んだり、「自分の専門的指導力の不足」に悩んだりしている。

●運動部活動のランキング

では、どんな種目の部活に何人くらいの生徒が加入しているのか。人気のある種目は何なのか、運動部活動のランキングをつくってみよう。

中学校の場合、２０１５年時点で、19種目の運動部活動に２２１万人ほどが加入している（表４－３）。

一番人気はソフトテニス。プロスポーツが盛んなサッカーや野球が人気なのかなと予想していたが、男女ともに人気の高いソフトテニスが、堂々の１位だった。２位は、こちらも男女ともに人気の高いバスケットボール。３位はサッカーだった。人気なのかと予想していた野球は７位だった。

他方で、アイスホッケー、スケートなどの冬季種目は、できる地域も限られているので、加入生徒数が少ない。

続いて高校の場合、２０１５年時点で、35種目の運動部活動に１４２万人ほどが加入している（表４－４）。ただし、野球、ラグビー、ボクシング、レスリング、自転車競技、ウェイトリフティング、相撲は男子だけ（細かく言うと、水泳の中の水球も男子だけ）、なぎなたは女子だけが加入できる。

一番人気はサッカーで、２位は野球、

表４－３　2015年の中学校運動部活動の加入生徒数

順位	種目	生徒数（人）
1	ソフトテニス	370,476
2	バスケットボール	315,736
3	サッカー	243,977
4	卓球	243,673
5	陸上競技	220,855
6	バレーボール	212,175
7	野球	205,147
8	バドミントン	133,232
9	剣道	91,295
10	水泳	48,753
11	ソフトボール	45,130
12	柔道	33,357
13	ハンドボール	29,180
14	体操	6,128
15	新体操	4,785
16	スキー	2,390
17	相撲	1,164
18	アイスホッケー	513
19	スケート	471
	合計	2,208,437

（出典）日本中学校体育連盟の2015年度調査より作成。

表4-4　2015年の高校運動部活動の加入生徒数

順位	種目	生徒数（人）
1	サッカー	178,566
2	野　球	168,898
3	バスケットボール	160,895
4	バドミントン	109,924
5	陸上競技	109,636
6	テニス	107,984
7	バレーボール	101,300
8	ソフトテニス	83,831
9	卓　球	69,173
10	弓　道	65,837
11	剣　道	46,384
12	ハンドボール	45,366
13	水泳（競泳・飛込・水球）	35,474
14	ソフトボール	27,998
15	ラグビー	23,146
16	柔　道	21,757
17	登　山	11,315
18	空手道	9,918
19	体　操	5,180
20	ボート	4,967
21	アーチェリー	4,800
22	ホッケー	3,520
23	少林寺拳法	3,160
24	新体操	2,877
25	ボクシング	2,575
26	フェンシング	2,425
27	スキー	2,419
28	レスリング	2,205
29	自転車競技	1,966
30	ウェイトリフティング	1,898
31	カヌー	1,606
32	なぎなた	1,424
33	ヨット	1,395
34	スケート	1,333
35	相　撲	970
	合　計	1,422,122

（出典）全国高等学校体育連盟と日本高校野球連盟の2015年度調査より作成。

3位はバスケットボールと続く。中学校で1位だったソフトテニスは、高校になると、硬式と軟式に分かれるため、順位が落ちたようだ。最も加入生徒数の少ない種目は、相撲だった。

以上、いまの部活の全体状況を数字で見てきた。では、学校現場に目を移すと、いま部活はどうなっているのだろう。生徒や教師は部活にどう関わっているのだろう。私がおこなってきたフィールドワークをもとにして、学校現場のリアリティに迫ってみよう。

2　いま現場で何が起きているのか──ヒガシ中学校のフィールドワーク

●学校現場のリアリティ

これまで私は、全国各地のいろいろな学校で、いろいろな部活に足を運んで、フィールドワーク（現地調査）をおこなってきた。部活を見せてもらって、生徒や教師に話を聞かせてもらって、時には一緒に参加させてもらったりして、部活の現場を丸ごと調査してきた。

どこの学校にもやっぱり部活はあるし、盛んにおこなわれている。しかし、部活は学校や教師にとって負担が大きいし、教育問題と言われることもあるのだから、これほど部活が盛んにおこなわれていることは、不思議でもある。

いったい学校や教師は、どのように部活をやりくりしているのか。それを考えるため、7年間にわたり集中的に調査してきた公立ヒガシ中学校（仮名。以下、生徒・教師も仮名）の様子を紹介したい。

ヒガシ中は、ごく普通の中学校だった。一学年の学級数が4〜5、生徒総数500人くらいで、部活は運動系13部、文化系6部の合計19部があった。9割以上の生徒が部活に入っていて、ほぼすべての教師が部活の顧問を務めていた。

このヒガシ中での部活のやりくりを、次の2点から見てみよう。1点めは、学校全体の部活のあり方に注目して、部活の存続や廃止はどのように決まっているか。2点めは、それぞれの顧問教師に注目して、なぜ教師は部活に関わるのか。以下ではまず1点めのほうを考えよう。

ヒガシ中は公立なので、年度が替わると、教師が他校へ異動することがある。こうした教師の異動は、部活にとって大問題だ。なぜなら、顧問教師がいなくなると、その部活が廃止されてしまうかもしれないからだ。

だからヒガシ中では、顧問教師の異動が決まると、部を存続させるために、後任の顧問教師探しがドタバタと毎年のようにくり返されていた。私が調査していた7年間で、同じ顧問教師がずっと残留しつづけたのは、バスケットボール部だけだった。他の部はすべて、顧問教師が異動してしまった。

現場に学ぼうと思ってヒガシ中に通っていた私は、7年間もヒガシ中の部活を見つづけた末、教師たちよりもヒガシ中の部活に詳しくなってしまった。妙なことだが、新しく赴任してきた教師に、「中澤さん、いままでの部活の様子を教えてよ」なんて聞かれることもあった。

●存続した部活、廃止された部活

ヒガシ中を調査した2001年度から2007年度にかけての部活の存続／廃止の様子を、顧問教師の残留／異動に注目して、表4―5にまとめた。

各年度の各部をそれぞれ1つのケースとして数えると、この表には111ケースの部活の様子が示されている。創部（△）の4ケースを除いた107ケースの内訳を詳しく見ていこう。

顧問教師が残留して部活が存続したパターン（○）は、73ケースだった。これは最も普通の流れで、全体の約7割を占めた。

次に、顧問教師は異動したが部活は存続したパターン（□）は、22ケースだった。うまく後任が見つかったわけで、全体の約2割にのぼった。

また、顧問教師は残留したが部活は廃止されたパターン（●）が、5ケースあった。これは、生徒がいなくなって自然消滅したり、学校側の事情で廃止されたりしたということだ。

最後に、顧問教師が異動して部活が廃止されたパターン（■）が7ケースあった。後任の顧問教師が見つからないため、部員がいても廃止を余儀なくされることもあった。

顧問教師が異動した29ケースをまとめてみれば、そのうちのおよそ4分の1（7ケース）で、

表4－5　顧問教師の残留／異動と部活の存続／廃止

	2001～2002年度	2002～2003年度	2003～2004年度	2004～2005年度	2005～2006年度	2006～2007年度
バスケットボール	○	○	○	○	○	○
ラグビー	○	○	○	○	○	□
野　球	○	○	○	○	○	□
男子バレーボール	○	○	○	○	○	●
女子バレーボール	○	○	○	□	□	○
ワンダーフォーゲル	○	○	○	○	□	○
水　泳	○	○	○	○	■	—
女子軟式テニス	○	○	○	■	—	—
卓　球	○	○	□	□	○	○
剣　道	○	○	□	□	□	□
マラソン	○	■	—	—	—	—
バドミントン	□	○	○	○	○	○
サッカー	□	○	□	□	○	○
硬式テニス	—	△	■	—	—	—
文　芸	○	○	○	○	□	●
絵　画	○	□	○	○	○	○
園　芸	○	□	○	○	●	—
百人一首	○	□	○	■	—	—
JRC	○	●	—	—	—	—
吹奏楽	□	○	□	○	□	○
料　理	■	—	—	—	△	○
コンピュータ	■	—	—	—	—	—
自然科学	—	—	△	●	—	—
図書ボランティア	—	—	—	△	○	○

（注）○（残留・存続）、□（異動・存続）、●（残留・廃止）、■（異動・廃止）、△（創部）、－（なし）。
（出典）中澤篤史『運動部活動の戦後と現在』青弓社、2014年、230ページ。

部は廃止されていた。顧問教師の異動は、部活の存廃に大きな影響を与えていることがわかる。

さて、具体的なケースに切り込もう。2004年度から2005年度にかけて、女子バレーボール部、女子軟式テニス部、卓球部、剣道部、サッカー部、百人一首部の6部で、顧問教師が他校へ異動した。

百人一首部は、生徒も卒業して部員がいなくなったので、ある意味で問題はなかった。しかし、残りの5部は部員がいたので、存続させるためには、後任の顧問教師を探さなくてはならなかった。

卓球部と剣道部とサッカー部の顧問教師は何とか見つかった。だが、女子バレーボール部と女子軟式テニス部の顧問は、なかなか見つからなかった。さあ大変だ。

表に示されていたとおり、その結末は、女子軟式テニス部は顧問教師を見つけられずに廃止され、女子バレーボール部は顧問教師を見つけて存続した、というものだった。では、それぞれどんなプロセスをたどったのだろうか。両部の存廃をめぐる闘いを見てみよう。

3　部活の存廃をめぐる闘い

●女子軟式テニス部の廃止——生徒VS教師

女子軟式テニス部の場合、生徒と教師の利害が対立して、結果的に廃止されてしまった。

顧問教師の異動が決まった時、9人の生徒が部員として活動継続を希望していた。生徒たちは、「先生がいなくなっちゃったら、これからどうなるの？」「もう部活できなくなるの？」「嫌だ嫌だ。せっかくやっていたのに。誰でもいいから顧問をやってほしい」と学校に泣きついた。文字どおり、涙を流しながら教師たちに訴えた。

学校は職員会議を開いて、教師たちは話し合った。そこでは、「子どもがかわいそうだ」、「生徒指導のためにも部活は残すべきだ」といった意見が出て、後任の顧問教師を探すことになった。

しかし、引き受ける教師はいなかった。教師たちは、すでに他の部活の顧問を務めていたりして、多忙をきわめていたからだ。教師たちは、「休みがなくて大変なんです」、「もうこれ以上は無理」と、女子軟式テニス部の顧問就任を断った。

結局、顧問は見つからず、女子軟式テニス部は廃止された。泣きついてきた生徒に対して、教師たちは「ごめんね、ごめんね」と謝ることしかできなかったという。

この結果を、生徒たちはどう受けとめただろうか。廃止が決まった後、私は、女子軟式テニス部の生徒に話を聞きたいとお願いした。しかし、生徒たちはずいぶんショックを受けていたようで、インタビューは断られてしまった。

しばらく経って、話を聞くのはもう無理かな、とあきらめかけていたところ、部長だった3年女子のミキが、話してあげてもいいよ、と言ってくれた。学校から許可を得て、教室でミキにじっくりと話を聞かせてもらった。

ミキは私に、テニスができなくなった悔しさやつらさ、そして学校や教師への不満や怒りをぶちまけた。その語り口調は、「ふざけんな」、「意味わかんない」、「ウザい」とかなり辛辣《しんらつ》で、「はぁぁ？　って感じ。卒業したら教えに来たりしたいなと思っていたし……ムカつきましたよ……大人って何なんだろう……この学校オワッテルし」と手厳しかった。

私は、ミキにかけてあげる言葉を見つけられず、黙って聞いていた。ミキも黙り込んでしまって、しばらくの間、教室がしーんと静まりかえった。すると！　ミキは突然激高して、机を両手でバーンッと叩き、「納得いかないんですよ‼」と大声で叫んだ。

ミキは、感情の高ぶりを抑えきれず、体を小刻みに振るわせていた。私は、かける言葉を完全に見失って、ただ黙って聞いてあげることしかできなかった。

女子軟式テニス部の生徒は、部活への強い思い入れがあった。しかし、その思いは、残念ながら学校と教師には受け入れてもらえなかった。学校や教師にも事情があるのだから、おいそれと批判することはできないが、生徒にとってショックな結末となった事実は変わらない。

このケースから得られる教訓のひとつは、部活での生徒と教師は一枚岩ではなく、利害が対立しうるということだ。実際の部活では、生徒が「部活をしたい」と言えば教師が「よし一緒にやろう」と応えるような、ハッピーな関係ばかりではない。生徒の思いとは別に、教師の事情や都合があり、時に両者は対立してしまうのだ。

●女子バレーボール部の存続――生徒VS教師VS校長VS保護者

女子バレーボール部の場合、存続はしたのだが、そこには生徒と教師に加えて、校長と保護者も交えた複雑な利害関係があった。

顧問教師が異動した時、女子バレーボール部には10人の部員が残っていた。女子軟式テニス部の場合と同様に、教師たちは職員会議で、顧問教師をどうするかを話し合った。教師たちからは、「子どものために、生徒指導のために、やっぱり部活は必要だ」という意見が出た。しかし他方で、「部活は負担だし、地域社会に移すべきだ」という意見も出た。教師たちの意見は簡単にはまとまらず、すぐには結論が出なかった。

そこで校長が出てきた。校長は、「子どものため」に部活を存続させてあげたい、と基本方針を示しながらも、顧問教師の確保に頭を悩ませた。結局、ヒガシ中の部活は「無理のない範囲でやっていく」と、あいまいな妥協案をとらざるをえなかった。

そこに保護者も登場してきた。女子バレーボール部の保護者は、存続を強く願っていた。保護者たちは、「バレー部の顧問になってくれる方、どなたかいませんか?」「ぜひとも何とかしてください、絶対お願いします」と学校に要望した。そう言われても、学校の事情もあるので、校長や教師は困ってしまった。

すると保護者は、保護者会をあげて部の指導や運営を支援する、と申し出てきた。保護者の中にはママさんバレーボールクラブに参加している母親もいたので、顧問を補助するコーチになって部を支援しようとした。学校側としても、保護者がそこまでするならということで、教師と校長と保護者が「子どものため」に力を合わせて、女子バレーボール部は存続することになった。

この結果を、生徒たちはどう感じたのだろう。部活が存続して、さぞかし喜んだだろうと思っていると、生徒たちからは意外な声が聞こえてきた。

存続が決まった後、部長の3年女子のカオリに話を聞いた。するとカオリは、「バレーボール部はきつくて厳しくて、やめようと思っていた」と語った。顧問教師の異動で悲しんでいると思いきや、「もう先生もいなくなったし、いいチャンスだなと思ってた。……これでやめようと思っていたら、親たちがお願いしたりして、部活を続けなきゃいけなくなっちゃった」と、カオリはこっそり教えてくれた。

廃止された女子軟式テニス部の生徒たちが継続希望を訴えていたのとは、正反対だ。女子バレーボール部の生徒たちは、特に存続を希望していたわけではなかった。にもかかわらず、教師と校長と保護者が「子どものため」に力を合わせて、存続にこぎ着けた。

皮肉なことに、10人いた部員は、存続が決まった後、退部者が相次いでしまった。せっかく指導を引き受けたママさんバレーボールクラブの母親たちも、戸惑いを隠せず、「この年代の女の子は難しい」と漏らした。

このケースからは、生徒と教師と校長と保護者の間には、複雑に対立する利害関係があることがわかる。そして、一見するとその利害関係を解決するように見える「子どものため」という方向ですら、当の生徒本人を置き去りにしてしまい、ハッピーエンドとは言えない結末となってしまった。

では、本当に「子どものため」の部活にするためには、すべてを生徒に任せてしまえば良かったのだろうか。それを考えるため、顧問教師が異動した後に生徒たち自身が動きだしたサッカー部のケースを見てみよう。

●サッカー部の存続と分裂——生徒VS生徒

ヒガシ中のサッカー部は、2001年度末に顧問教師が異動した。この時も、教師と校長と保護者のドタバタがあったのだが、その話は前著『運動部活動の戦後と現在』を読んでもらうことにして、ここではふれない。

それはさておき、サッカー部は、新任教師を顧問にして、地域にいた専門的コーチを外部指導員として迎え入れ、何とか存続できた。ただし、新任教師はサッカーのことはチンプンカンプンで、指導ができなかったので、外部指導員にほとんど任せられた。

その外部指導員は、確かに専門的な知識や能力は持っていたが、競技志向が強く、ビシバシと厳しいトレーニングを課そうとした。以前のサッカー部は、気軽に楽しめれば充分、というゆる〜い雰囲気だったので、部のあり方は一変した。

だから生徒たちは、存続したことには喜んだものの、部の変化にびっくりした。入学したての1年生は、中学の部活はこういうものかと平気な様子だったが、前年度との違いを知っている3年生や2年生は、この変化に戸惑った。

厳しく練習して勝利をめざしたい、とうれしく感じる生徒もいれば、前年度のゆる〜い雰囲気のほうが好きで、反発を覚える生徒もいた。生徒間の考え方のズレは埋まることなく、しだいに意見の対立が激しくなっていった。

そして存続が決まって1カ月ほど経った頃、サッカー部は2つのグループに分裂してしまった。1つは、新しい外部指導員の指導の下、厳しい練習を重ねて「勝つサッカー」をめざすグループ。こちらには、1年生や2年生が多かった。もう1つは、前年度までのゆる〜い雰囲気を大切にして「楽しいサッカー」をめざすグループ。こちらには3年生が多く、部長の3年男子のワタルも含まれていた。

ワタルに話を聞くと、「部活がクラブチームみたいになってしまった」と、外部指導員への不満を口にした。ワタルは、「自分たちでサッカーをしたい」という。ワタルを中心に3年生たちは、当の外部指導員に直接、「押しつけられるサッカーが嫌だ。自由なサッカーがしたい」と不満をぶつけに行った。その時の様子を外部指導員に聞いてみると、ワタルたち3年生は「挑発的な態度だった」とふり返りながら、「私の管理サッカーが嫌みたいです」とショックを受けていた。

しかし、外部指導員も学校との約束があるため、指導は続けなければならない。それに、高度な技術指導をしてくれる外部指導員を慕《した》う生徒たちも実際にいた。だから外部指導員は、希望する生徒への指導を続けた。他方で、ワタルたち3年生グループについては、自分たちでしたいと言うのなら、自由にやらせてみてはどうか、ということになった。

そうして、サッカー部は2つのグループに分裂して活動した。サッカー部の生徒たちは、同じ活動日に同じグラウンドにいるのだが、こちらでは外部指導員と「勝つサッカー」をめざすグループが活動しつつ、あちらでは反発した3年生グループが「楽しいサッカー」をめざして活動する、という状況になった。

しかし、外部指導員に反発した3年生グループの活動は、うまくいかなかった。「自分たちで楽しむ」と高らかに宣言してはみたものの、ワタルも含めて3年生たちは、サッカーの知識を充分に持っていなかったし、練習メニューを組み立てる能力もなかった。だったら調べたり学んだりすればいいのだが、そんな意欲も持っていなかった。

活動はみるみるグダグダになり、グループのまとまりも欠いていき、グループ内からも文句が出はじめた。あらためて3年生に話を聞いてみると、「つまらなかった」、「ふざけて真面目にしない」とイライラしていた。「楽しいサッカー」をめざしたものの、実際はぜんぜん楽しくなかったようだ。

このケースからわかることは、先ほど見たとおり、生徒と教師と校長と保護者の間に対立関係があったのと同じように、生徒どうしも一枚岩に仲良くできるとは限らず、時に仲間割れや対立関係が生じてしまうということだ。

「子どものため」に部活を何とかしようと思った時、確かに生徒ぬきで大人たちが一方的に決めてもうまくいかないのだが、だからと言って生徒にすべてを任せてしまえば万事オーケーともならない。やはりそこには、大人の支えが必要になる。このサッカー部のケースで言うと、もし顧問教師が外部指導員と生徒の関係を調整したり、「自分たちでしたい」という生徒を手助けしたりすれば、うまくいったのかもしれない。

部活があることは、一見すると当たり前のように思われる。しかしその裏では、部活のやりくりに悪戦苦闘する学校現場のリアリティがある。

4　なぜ教師は部活に関わるのか

●ヒガシ中の顧問教師たち

続いて、なぜ教師は部活に関わるのかを考えよう。

多くの学校でそうであるように、ヒガシ中でも、負担の大きさや受けとめ方の違いから、顧問教師の部活への関わり方はいろいろだった。私は12人の顧問教師について、部活にどんなふうに関わっていたかを調査した（表4－6）。

活動に顔を出す程度が「ほとんどなし」の教師もいれば、「半分以上」の教師もいた。指導の関与についても、「ほとんどなし」の教師もいれば、「ほぼすべてに関与」する教師もいた。そして負担感も、「悩んでます」と負担を訴える教師から、「部活を指導したい」とあまり負担に感じていない教師まで、負担感の大小は様々だった。

こうした教師たちは、負担に感じることなく自ら主体的に部活に関わろうとしている「積極的な教師」と、負担や困難のために部活から離れたいとの気持ちがありながらも、完全に離れはしない「消極的な教師」に分けることができる。以下では、それぞれの教師について、なぜ

表4-6 ヒガシ中学校の顧問教師たち

顧問	年代	性	部活	顔を出す程度	指導の関与	負担感
タキザワ先生	20代	男	サッカー	ほとんどなし	ほとんどなし	「部活でやりがい、ない……やりたくない」
オカダ先生	30代	男	ラグビー	半分以上	ほぼすべてに関与	「部を残していきたい」
フジモト先生	30代	男	サッカー	半分未満	ある程度は関与	「子どもが小っちゃいから……大変」
サイトウ先生	30代	男	卓球	半分未満	ある程度は関与	「いっぱいいっぱいですよ」
ドイ先生	30代	男	ラグビー	半分以上	ある程度は関与	「学校内で部への理解や協力が得づらい」
ナカタ先生	30代	男	ラグビー	半分未満	ほとんどなし	「あんまり行ってないから(負担はない)」
ノダ先生	30代	女	卓球	ほとんどなし	ほとんどなし	「部をずっと持つつもりはない」
ヤマシタ先生	30代	女	女子バレーボール	ほとんどなし	ほとんどなし	「(顧問を続けるかは) 悩んでますね」
イズミダ先生	40代	男	バスケットボール	半分未満	ある程度は関与	「(学校に)部活を残したい……部活を指導したい」
フクハラ先生	40代	男	男子バレーボール	ほとんどなし	ほとんどなし	「なかなか見れないですから(負担はない)」
コクブ先生	40代	女	吹奏楽	半分以上	ほぼすべてに関与	「個人的には (活動を) 減らしたい」
アイカワ先生	50代	男	サッカー	ほとんどなし	ほとんどなし	「私は何もしてませんから(負担はない)」

(出典) 中澤篤史『運動部活動の戦後と現在』青弓社、2014年、277~278ページ。

部活に関わるのかを詳しく見てみよう。

●部活に積極的な教師

まず、部活に積極的に関わる教師について見てみよう。

ラグビー部顧問のオカダ先生は、ヒガシ中で、部活に最も積極的な教師であった。ラグビー部の活動に「半分以上」顔を出して、その指導の「ほぼすべてに関与」していた。

これほど関われば負担は大きそうに思えるが、オカダ先生は、負担を感じることなく、「部を残していきたい」と積極的に関わりつづけていた。なぜか。オカダ先生はその理由について、部活を「教育的な活動をする場」と捉えて、「教育的効果」をねらっているからと言う。

オカダ先生は、部活を教育と見なしていた。だから、スポーツが苦手な生徒も喜んで受け入れていたし、生徒指導上の問題を起こしがちな素行《そこう》の悪い生徒を拒んだりはしなかった。オカダ先生は次のように語った。

「教育っていうことでやっている以上、ほっぽるのは楽だけど、そいつのためにもならないし学校のためにもならない。そこはないんだよ。だから何とか抱え込んで叩き上げて、前より少し良くなったっていう状態にやっていきたい」

オカダ先生は、「教育」として、生徒本人や学校のために、いろいろな生徒を抱え込むことが大切であると考え、生徒指導を通じて生徒が「前より少し良く」なることをめざしていた。ただし、このようにいろいろな生徒を受け入れていたことで、ケンカや嫌がらせといった生徒どうしのトラブルが生じてしまうこともあった。そんな時、当然ながらオカダ先生は、生徒どうしのトラブルを収めようと奮闘し、生徒の相談相手になることもあれば、問題のある生徒を厳しく注意することもあった。

こうしたトラブルへの対応に時間やエネルギーを取られることは、教師にとって負担になるようにも思える。しかし、オカダ先生は、そうは考えていなかった。その理由をオカダ先生は次のように語った。

「いろんなヤツがいることでトラブルが起きるのは当たり前だろうって思うし、いろんなヤツがいるから、道徳的なことができるチャンスかな、話ができるチャンス」

オカダ先生は、ケンカや嫌がらせなどの生徒どうしのトラブルを、「道徳的なことができるチャンス」と見なしていた。オカダ先生にとって、一見すると「トラブル」と思われがちな事態に向き合うことこそが「教育」だったのだ。

●部活に消極的な教師

次に、部活に消極的に関わる教師について見てみよう。

オカダ先生のような積極的な教師がいる一方で、消極的ながら部活に関わりつづけ、その関わりを完全には絶たない教師たちがいる。そうした消極的な顧問教師は、様々な苦悩と葛藤《かっとう》を抱えながら、部活に向き合っている。

にもかかわらず、消極的な顧問教師は、部活から完全には離れない。なぜだろうか。その理由を3つ指摘しよう。

①教師－生徒関係

消極的な教師の多くが部活を手放さなかった理由のひとつには、部活を通して生徒との人間関係がつくられる、その教師－生徒関係が教育実践に役立つ、という考えがあった。

たとえば、卓球部顧問のノダ先生は、顔を出したり指導したりすることはほとんどなく、「部をずっと持つつもりはない」と消極的だったが、それでも最低限の関わりを維持していた。ノダ先生はその理由を、「社会に通用する人間を育てたい」からであり、それに向けた生徒指導に部活が役立つからであると語った。だから、ノダ先生は卓球部の顧問をやめなかったわけだ。

②教師－教師関係

顧問教師は、部活の内で生徒と関係すると同時に、その外では管理職や同僚教師と教師－教師関係を取り結ぶ。だから顧問教師は、部活から離脱したいと思っても、管理職や同僚教師の考えや意見に左右され、思いとどまることがある。

たとえば、サッカー部顧問のタキザワ先生は、「部活でやりがい、ない……やりたくない」

と語るなど、顧問を務めつづけることに大きな負担を感じていた。そうした思いが積み重なり、サッカー部からの離脱を望むようにもなった。しかし、そうしたタキザワ先生に対して、校長は部活の必要性をくり返し伝えた。先ほどのオカダ先生は、部活が生徒指導に役立つと、何度も説いた。そうした校長やオカダ先生たちの考えや意見を聞きながら、タキザワ先生は、内心は渋々《しぶしぶ》だったかもしれないが、サッカー部との最低限の関わりを続けていた。

③職場環境

ヒガシ中では、学校教育目標のひとつとして、「部活動の支援体制の確立」が学校要覧に掲げられており、その実現に向けて、校務分掌《ぶんしょう》（学校運営の業務分担）上に「部活動指導」が設けられていた。

それらとも関連して、部活は教師の人事評価にも無関係ではない。あまり知られていないが、教師の世界には、年度末の自己評価書で部活についても書き記したり、他校への異動人事にあたって部活を持てるかどうかが考慮されたりする慣例がある。

こうした職場環境が、個々の教師の思いとは別に、ゆるやかに部活を後押ししていた。その影響から、部活の負担や困難を抱える教師たちは、「部活はとりあえず何かやらなきゃいけない」（ノダ先生）、「持たなきゃいけない」（ナカタ先生）と思い直していた。

学校教育目標や校務分掌、人事評価などの職場環境が、消極的な教師をゆるやかに部活へつなぎ止めていた。

●なぜ教師は部活に関わるのか

以上をまとめると、教師が部活に関わろうとする原動力の第一は、教育のためという理由だ。教師は、学校教育の一環として、教育的効果をねらったり、生徒指導を達成したりするために、部活を活用しようとしている。このことはよく知られているし、別段新しい話ではない。

しかし、教育のためというだけでは、教師が部活に関わる理由として充分ではない。なぜなら、教育のために関わろうとすれば、負担や困難に直面せざるをえないからだ。

そうした時、積極的な教師は、独特な意味づけ方によって、そうした負担や困難を乗り越えていた。そこでは、一見すると教師にとって負担のように思われる生徒どうしのトラブルが、ネガティブな教育問題ではなく、ポジティブな教育機会と意味づけ直されていた。こうした独特の意味づけ方があったことで、教育のために関わるという大枠の考えが崩されなかった。

そして消極的な教師は、負担や困難を抱えながらも、部活から完全には離れない。その理由には、①教師－生徒関係：部活は教育実践に有効だという考え、②教師－教師関係：管理職や他の教師からの影響、③職場環境：学校教育目標や校務分掌、人事評価の影響などがあった。

それらの理由によって、消極的な教師でさえも、部活へ関わるように方向づけられている。

そうすると、部活を教師の負担となる「教育問題」と単純に見なす見方は、間違っているのかもしれない。教師自身の目から捉えかえした場合、部活は「教育問題」というよりも、教育活動そのものなのだ。部活が教育活動であるからこそ、教師は、積極的に関わりつづけるのであり、消極的ながらも離れない。

そのような捉え方からすると、部活を「教育問題」と見なして、部活を解体したり手放したりすることは、教育活動の機会を逃すことを意味し、教師の教育責任を放棄することになってしまう。だから、学校と教師は部活を抱え込み、結果として、部活は大規模なまま、いまも続いているのではないだろうか。

COLUMN

特別支援学校の部活

障害のある生徒が通う特別支援学校（昔の盲・ろう・養護学校）にも、部活はある。視覚障害や聴覚障害のある生徒が通う学校は、昔から部活がとても盛んで、パラリンピック選手を出したりもしてきた。

私が調査した、知的障害のある生徒が通う特別支援学校の部活を紹介しよう。

この学校には、バスケットボール部と合唱部があった。参加するかどうかはとてもゆるやかで、熱心にいつも参加する生徒から、その日の気分で参加したりしなかったりする生徒までいた。

だから日によって活動人数はバラバラだが、人数に合わせて活動の仕方が柔軟に変えられていた。

それが可能なわけは、部活は2つだけなので、多くの教師で手厚く指導できるからだ。毎回指導の中心を担う顧問の周りを、その日に都合のつく教師がサポートしていて、多い時は10人以上の教師が顔を出すこともあるという。

だから生徒は誰でも、参加したい時にいつでも参加できる。インクルーシヴ（包摂的）な部活！

さらにバスケ部の中には、試合に勝ちたくて熱心に練習する生徒がたくさんいた。その生徒たちは、土日も活動したり、近隣の学校と練習試合をしたり、公式戦に出たり、卒業後も地域のIDバスケットクラブ（Intellectual Disability：知的障害）でバスケを続けたり、しまいには国際大会に出たりと本格的だった。

しかし、課題もある。生徒たち一人ひとりの障害の種別や程度、生活リズムに合わせながら、安全面に配慮したり、医療的ケアを施したり、通学バスや送迎の時間を調整したりしなくてはならない。

だから、そうした課題が多く大変な、重度障害のある生徒が通う肢体不自由児特別支援学校では、残念ながら部活があまり盛んではない。部活がしたくてもできない生徒がいるのだ。

COLUMN

はるかぜちゃんの放送部

子どもが日頃の悩みを電話で相談するラジオ番組「全国こども電話相談室」で、部活の悩みが特集された。

出演者の一人、タレントの春名風花さん、通称「はるかぜちゃん」は、当時、中学生で放送部に入っていた。子役タレントとして、声優の仕事にもつなげようと、放送部でとても熱心に活動していた。しかし、顧問の先生が他校へ異動することになって、放送部が廃止の危機に直面してしまった。なんでこうなるの？　どうしたらいいの？　教えて、専門家！　ということで、中澤研究室に電話がかかってきた。私は、急遽、ラジオに電話出演することになってしまった。

放送部の活動を何とか続けたいと言うはるかぜちゃんに、2つほど話をした。

1つは、学校に頼らないで、地域で仲間とサークルを立ち上げる道。放課後に家や公園に集まって、放送機器の使い方を独自に学んだり、ちょっと本格的にアマチュア無線に手を出してみたり。地域のお祭りやイベントに、アナウンスや視聴覚機器のスタッフとして参加してもおもしろい。学校の部活ではなくなるのでハードルは高いが、可能性はある。

もう1つは、あきらめずに学校にお願いして、部活を残してもらう道。学校は、なんだかんだ言っても、生徒のために尽力してくれる。放送部への意気込みを熱く語れば、学校を口説き落とせるかもしれない。

その時にオススメの口説き文句は、「放送部は、学校のため、みんなのためにも必要だ」。昼休みに、生徒も教師もホッと一息つける校内放送を届けてみたり、運動会や文化祭を巧みなアナウンスで盛り上げたり、入学式や卒業式の機材準備を手伝ったり。放送部が、学校全体のために活躍できるチャンスはたくさんある。はるかぜちゃんの放送部が、みんなの放送部になれば、学校も応援してくれるのではないだろうか。

COLUMN

オリンピック・パラリンピックと部活

2020年の東京オリンピック・パラリンピックに、部活はどう向き合うのか。

1964年の東京大会の時には、競技力の高い生徒が集められて、部活はエリート選手の養成場になった。その結果、競技力の低い生徒が部活に参加できなくなった。その反省を、今回は活かせるだろうか。

すでに各競技連盟は、中学校・高校の有望選手にチェックを入れて、強化に乗り出している。いまの中学生・高校生をうまく鍛えていけば、オリンピアンになれるかもしれない。それはそれで結構なことだが、部活のすべてが競技力向上の一色になることは避けたい。

さて、パラリンピックはどうか。オリンピック選手を多数輩出してきた日本体育大学が、2017年度から北海道網走市に特別支援学校を開校する。知的障害のある高校生を対象に、スポーツ教育を実践する、国内初の取り組みだ。

障害のある子どもと家族にとって、新しい選択肢が用意された。全国から障害児アスリートが集まって、将来、パラリンピアンが出てくるかもしれない。

一方で、2020年を見すえて、文部科学省の外局として「スポーツ庁」ができた。これからの部活は、文科省の初等中等教育局と、スポーツ庁の学校体育室が担当することになる。役割分担は不透明だ。

仮に、部活はすべてスポーツ庁に任せよう、となったら、スポーツの論理が部活に押し寄せてくる。そうなると、2020年に向けた競技力向上政策は打ちやすくなるが、「教育としての部活」を支える仕組みがなくなるかもしれない。

オリ・パラに乗じてスポーツ業界はにわかに活気立っているが、オリ・パラが終わっても部活は続く。一時の勢いに流されないで、じっくりと部活の行く末を考えたい。

第5章

部活の政策は何をしてきたのか

本章では、国や自治体の部活政策の
動向を見てみよう。
学習指導要領での扱いや、
対外試合の規制、外部指導員の導入、
自治体の特色ある部活政策。
部活の政策は何をしてきたのか。

1 国の部活政策

●学習指導要領で部活はどう扱われてきたか

学習指導要領での部活の扱いは、時代によって変化してきた（表5―1）。

ややこしいのは、教育課程との関係が変わってきたことだ。部活は課外の活動だが、課内でも部活と同じような特別活動やクラブ活動などがおこなわれてきた。その点に注意しながら、部活の扱いがどう変わってきたかを見てみよう。

さかのぼると、1947年の学習指導要領には「自由研究」があった。これは課内と課外にまたがる活動だった。その後、1951年の学習指導要領では「特別教育活動」と名前が変わった。これも課内と課外にまたがる活動だった。

自由研究や特別教育活動は、課外の部活も含んでいて、部活は、自由研究や特別教育活動の一部でもあった。その意味で、当時の部活は、課外でありながら、ゆるやかに教育課程とつながっていた。

その後、1969年・1970年の学習指導要領では、課内の特別活動として、必修クラブ

表5-1　学習指導要領での部活の扱い

改訂年	中学校		高校	
	課内活動	課外活動	課内活動	課外活動
1947	自由研究			
1951	特別教育活動		特別教育活動	
1958	特別教育活動			
1960			特別教育活動	
1969	必修クラブ活動	部活動（選択）		
1970			必修クラブ活動	部活動（選択）
1977	必修クラブ活動	部活動（選択）		
1978			必修クラブ活動	部活動（選択）
1989	（必修クラブ活動）→部活動：部活代替措置		（必修クラブ活動）→部活動：部活代替措置	
1998	（廃止）	部活動（選択）		
1999			（廃止）	部活動（選択）
2008	（廃止）	部活動（教育課程との関連）		
2009			（廃止）	部活動（教育課程との関連）

（出典）中澤篤史『運動部活動の戦後と現在』青弓社、2014年、112〜113ページ。

活動が設置された。第3章で見たとおり、この必修クラブ活動は学校現場を混乱させた。必修クラブ活動は、文字どおり「必修」の授業としておこなわれるから、課内になる。だから課外の部活は、そこから切り離された。しかし、実際の中身はどちらも似たようなものだ。1つの学校の中で、必修クラブ活動の「野球クラブ」と、部活の「野球部」が、別々におこなわれる状況になった。ややこしい。

　こうした状況を改善しようと、1989年の学習指導要領で「部活代替措置」が始まった。部活代替措置とは、部活に参加している生徒は、必修クラブ活動を履修《りしゅう》したと見なしていい、という措置だ。つまり、必修クラブ活動の「野球クラブ」の代わりに、部活の「野球部」に入ればオーケー、となった。

すると多くの学校は、面倒な必修クラブ活動をしなくても済むように、生徒をどんどん部活に入れはじめた。課外の部活は、ふたたび教育課程とつながった。

しかも、今度のつながりは強い。なぜなら、必修クラブ活動の代わりなのだから、部活もある意味で「必修」のような強制力を持つようになったからだ。その裏返しとして、学校にとって部活を維持すること、教師にとって部活の顧問になることが、半ば公務と見なされるようになった。その結果、部活は多くの生徒と教師を巻き込みながらどんどん広がっていった。

すると、これだけ部活が広がったのだからということで、1998年・1999年の学習指導要領では、必修クラブ活動が廃止された。この必修クラブ活動の廃止によって、部活代替措置も崩れ、部活はまた教育課程から切り離されることになった。

必修クラブ活動との強いつながりがあったから部活が広がったわけだが、その必修クラブ活動が廃止され、部活は制度的な支えをなくし、宙ぶらりんの状態になったと言える。だったらいっそのこと、部活を丸ごと地域社会へ移行しようか、と言われたりもした。しかし、結局、部活はそのまま学校に残りつづけた。生徒指導のために学校と教師が部活を必要としたり、学校外での生徒の事故補償が課題になったり、生徒や保護者も部活の継続を希望したりしたからだ。

そして2008年・2009年に改訂された現行の学習指導要領で、部活は「学校教育の一

図5-1　部活と教育課程の関係

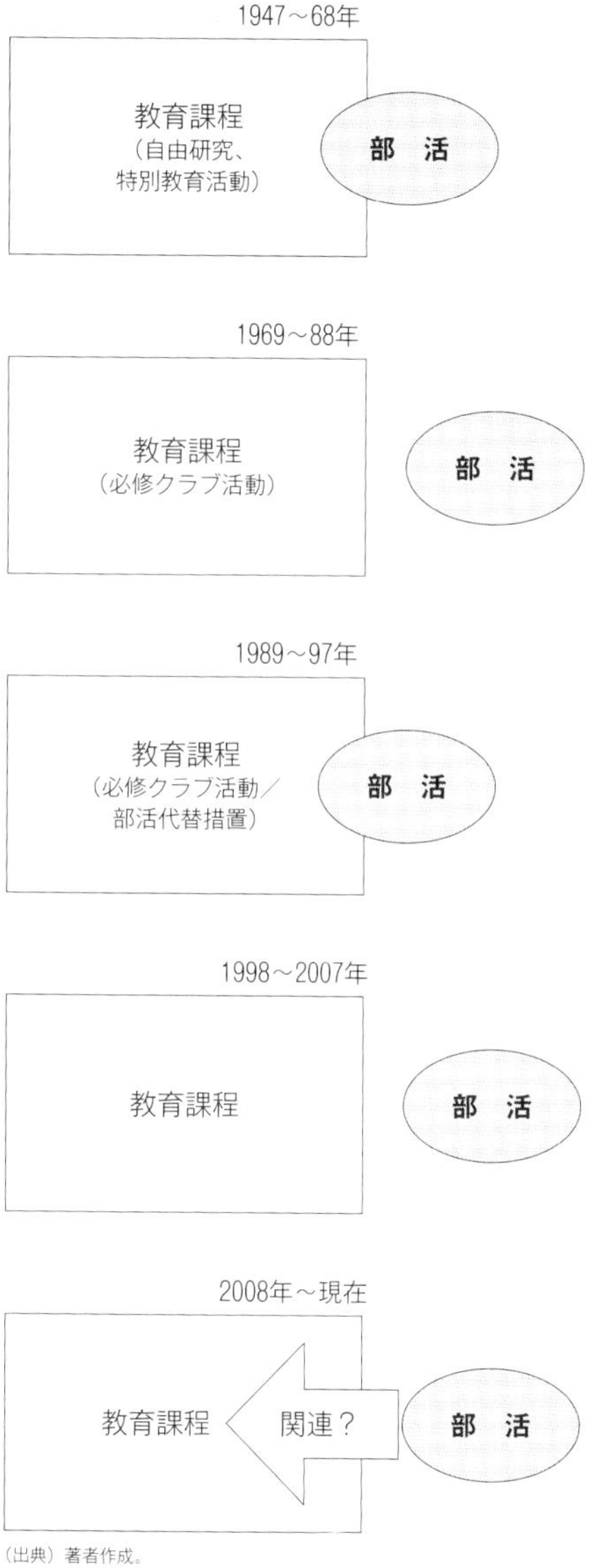

（出典）著者作成。

環として、教育課程との関連が図られるよう留意すること」と記された。課外の部活は、みたび教育課程との関連を持つようになったのだ。ただし、どんな関連を持つべきかという具体的な中身はあいまいになっていて、それぞれの学校が工夫することが求められている。

以上のように、時代ごとの部活と教育課程の関係は、とってもややこしいが、思い切って模式図に示せば、**図5-1**のようにまとめられるだろう。部活は、教育課程とくっついたり離れ

都道府県大会	ブロック大会（隣接都道府県）	全国大会（1回）	全国大会（2回）
………（許容範囲：宿泊を要しない）			
［高校の原則］…………………………………（許容範囲）			
［中学の原則］……（許容範囲：宿泊を要しない）			
［高校の原則］…………………………………（許容範囲）			
［中学の原則］……（許容範囲：宿泊を要しない）			
［高校の原則］…………………………………（許容範囲）			
［中学の原則］…………（許容範囲）……（水泳競技のみ特例）			
［高校の原則］…………………………………（許容範囲）			
［中学の原則］…………（許容範囲）			
［高校の原則］…………………………………（許容範囲）			
［中学の原則］…………………………………（許容範囲）			
［高校の原則］……………………………………………………（許容範囲）			

たりをくり返しながら、いまに至っている。

●対外試合や全国大会の規制

次に、対外試合の規制のあり方を見てみよう。

生徒にとって、対外試合は大イベントで、全国大会は夢の舞台だ。しかし、その開催には費用もかかるし、移動も大変だし、学業との両立も不安になる。

だから国はこれまで、対外試合をどの程度まで、どの範囲までおこなってよいか、全国大会はオーケーかなどを、文部省通達という形で示してきた。その規制の変化をたどってみよう（表5－2）。

1948年の通達では、中学校の場合、原則として校内大会までとして、市町村大会や群市大会、そして宿泊を要しない都道府県大会までが許容範

表5-2　対外試合の規制のあり方

改訂年	校内大会	市町村大会（隣接学校）	郡市大会（隣接市町村）
1948	［中学の原則］…………		
1954			
1957			
1961			
1969			
1979			
2001			

（出典）中澤篤史『運動部活動の戦後と現在』青弓社、2014年、112〜113ページ。

囲とされた。つまり、全国大会は中学校では禁止されていた。高校の場合は、原則として都道府県大会までとして、ブロック大会や年1回の全国大会は許容範囲とされた。

その後、1964年の東京オリンピック開催に向けて、競技熱が高まり、対外試合の規制は弱まった。1954年の通達では、中学校の対外試合は、原則が都道府県までに広げられ、宿泊を要しないブロック大会も許容範囲とされた。また、トップレベルの選手は特例として、全日本選手権大会や国際大会に参加できるようになった。さらに1961年の通達では、宿泊を要しないという条件が見直されるとともに、水泳だけは中学校の全国大会が認められることになった。オリンピックで好成績を残すために、一部の生徒を一流選手に育て上げようと、選手中心主義的な政策がとられたわけだ。

オリンピックが終わっても、対外試合の規制緩和は続いた。１９６９年の通達で、対外試合を「学校教育活動内」と「学校教育活動外」に分ける方向性も議論されたが、うやむやなままに終わった。１９７９年の通達では、中学校で年１回の全国大会が、高校で年２回の全国大会が認められた。ついに中学校も全国大会が認められたわけだ。

そして２００１年の通達で、「学校が自らの判断で特色ある学校づくりに取り組む」ようにするために、対外試合の規制が撤廃された。こうして、戦後から続いた国の規制はなくなった。

●いまは当たり前の全国大会

このように、国による部活の対外試合の規制は緩和されつづけて、ついになくなった。実際は、文部科学省が管轄《かんかつ》する学校体育連盟が対外試合を取り仕切っているので、国の意向が全く及ばなくなったわけではないが、いまとなっては部活の全国大会は当たり前におこなわれている。野球の「甲子園」、サッカーの「国立」、ラグビーの「花園」、吹奏楽の「普門館」……。全国大会が開催される場所は、いわば聖地のように、それを夢見る部員たちの合い言葉になっている（あっ、吹奏楽の全国大会会場は普門館から変わっちゃったけど、まだまだ合い言葉は「普門館」ですかね、吹奏楽部のみなさん？）。

正確に紹介すると、日本高等学校野球連盟（高野連）は、選抜高等学校野球大会（春）、全国高等学校野球選手権大会（夏）、全国高等学校軟式野球選手権大会を開催している。

全国高等学校体育連盟（高体連）は、総合体育大会、いわゆる「インターハイ」を夏季と冬季に開催しながら、各種選抜大会、全国定時制通信制体育大会も開催している。

そして、かつては禁止されていた中学校の全国大会も、いまは日本中学校体育連盟（中体連）が、全国中学校体育大会、いわゆる「全中」を開催している。

ちなみに文化部にも全国大会はあって、全国高等学校文化連盟（高文連）が全国高等学校総合文化祭を開催し、全国中学校文化連盟（中文連）が全国中学校総合文化祭を開催している。

2015年の全中が北海道で開催されたので、見に行ってきた。北海道開催と言っても、競技ごとに開催地域はばらばらで、私は、帯広市でサッカーの全国大会を見て、札幌市で陸上の全国大会を見て、旭川市でバレーボールの全国大会を見てきた。

47都道府県の大会を勝ち抜いた精鋭たちが、一堂に会して真剣勝負をくり広げていて、勝って涙する学校もあれば、負けて涙する学校もあった。地元の学校の生徒がボランティアとして大会を支えていて、地域全体でたいへん盛り上がっていた。

保護者も大勢駆けつけていた。中には全国大会のために用意したのか、オリジナルの「保護者用ユニフォーム」を揃えている保護者たちもいた。応援に熱が入るのは結構だが、汚いヤジを飛ばす保護者もいたことは残念だった。

●規制緩和でビジネスチャンス!?

いまの全国大会は、一種のビジネスにもなっている。スポンサー企業が寄付金を出す代わり

北海道で開催された2015年度全国中学校体育大会（上：帯広市でのサッカー大会／中：札幌市での陸上競技大会／下：旭川市でのバレーボール大会、いずれも著者撮影）

に、広告や宣伝の機会として利用している。たとえば大塚製薬は特別賛助会員として参画し、宣伝をしつつ、会場ではポカリスエットが飲み放題だったりする。たくさんの生徒・教師・保護者が移動し宿泊することになるので、旅行代理店にとっても絶好のチャンス。ＪＴＢや近畿日本ツーリストの出番になる。

しかし、教育活動としておこなう部活に、あまりお金が絡むのはよろしくないということで、中体連をはじめ学校関係者は頭を悩ませている。大会を成立させるのにお金は必要だが、お金が絡みすぎると商業主義の弊害《へいがい》も出てくるからだ。国の規制がなくなったいま、教育活動としての部活は、ビジネスのチャンスにもなった。そこを学校体育連盟がどうコントロールするかが問われている。

参考例として、日本を離れて、アメリカを見てみよう。アメリカの学校では、スポーツをしたり対外試合をおこなったりする時には、民間のスポンサーをつけることが普通になっている。第1章で紹介したように、地元のピザ屋がお金を出して、グラウンドに電光掲示板を設置して、広告宣伝に活用したりしている。

他にも、たとえばバスケットボールの強豪チームがあれば、そのチームには観客やファンも多いから、バスケのグッズを展開している会社にとって、格好の広告宣伝材料になる。そこで、ユニフォームやシューズを提供する代わりに、そこに企業ロゴをつけてもらって宣伝したりする。さらに極端なケースになると、長距離遠征用の飛行機まで用意する企業も出てきた。チームが強くなって大会で優勝したりするとスポンサー会社も喜ぶが、もし負けたりしたら、すぐ撤退して、別のチームのスポンサーになる。そうすると、部員や保護者から学校に、「スポンサーがいてお金をかけてもらえるからこの学校に入ったのに、話が違うじゃないか」と怒りの声が寄せられる。さらに怒りの収まらない生徒や保護者は、その学校をやめて資金の潤《じゅん》沢《たく》な学校に転校したりする。コーチが選手を連れて移ってしまうこともある。

こうした事態は、さすがにアメリカでも、教育的に良くない、と問題になっている。商業主義が進むアメリカの事例は、日本の部活のあり方を考える際に、反面教師になるかもしれない。

一方で、アメリカの対外試合では、同級生や保護者が試合を見に行く時も、5ドル程度の入場料を取られる場合がある。また保護者会も、寄付金を集めたりして、観客席を整備したり、才能があるけど経済的に恵まれない生徒に独自の奨学金を与えたりする。

日本では、部活でお金を集めること自体がひとつの論争点になるが、もうひとつの論争点は「集めたお金をどう使うか」だ。もし、みんなが納得できる良い使い方があるならば、日本でも「部活でお金を集める」ことが、ひとつの手段として議論されてもよいかもしれない。

2 外部指導員への期待と課題

●高まる外部指導員への期待

近年の部活政策で、急速に進められているのが、外部指導員の導入だ。外部指導員とは、教師の代わりや補助として部活を指導する、学校外関係者のことだ。外部指導員の導入は、教師の負担軽減をめざす教育政策と、充実した一貫指導をめざすスポーツ政策を背景にして、大きな期待が寄せられ、積極的に進められている。

確かに、スポーツ経験のない教師が、運動部活動の顧問を任され、指導ができないばかりか、負担に感じるケースは少なくない。生徒たちも、もっとちゃんと指導してほしい、と願っていたりする。そうした時、専門的な指導力のある外部指導員をうまく導入できれば望ましい。

では、誰がどのように外部指導員になるのか。一般的に、外部指導員の担い手は、近隣地域の専門的指導者、保護者、卒業生などが多い。外部指導員の導入手続きはいろいろで、教育委員会が公式に派遣する場合や、各学校が独自に確保する場合がある。その待遇もいろいろで、自治体や学校の予算から報酬が支払われる場合もあれば、無償のボランティアの場合もある。

表5-3　運動部活動での外部指導員の活用状況（外部指導員を活用している学校のみを対象）

	一校あたりの人数（平均）		一回の指導謝金（平均）		年間の指導回数（平均）	
	中学校	高　校	中学校	高　校	中学校	高　校
教育委員会の派遣による外部指導者	2.4人	2.0人	9,633円	6,234円	47.7回	36.4回
学校独自（ボランティア）の外部指導者	3.9人	2.3人	1,667円	6,926円	101.3回	71.8回
その他の外部指導者	1.6人	1.9人	667円	19,019円	69.0回	66.6回

（出典）運動部活動の実態に関する調査研究協力者会議『運動部活動の実態に関する調査研究報告書』2002年、より作成。

２００１年の「運動部活動の実態に関する調査」によると、中学校の83・２％、高校の70・５％が外部指導員を活用していた。

活用状況を詳しく見ると、一校あたりの人数、一回の指導謝金、年間の指導回数は、教育委員会の派遣による外部指導員と、学校独自（ボランティア）の外部指導員と、その他の外部指導員では、様々な違いがある（表5－3）。

外部指導員の導入への期待が高まる一方で、実際の活用状況は多様であることがわかる。

●外部指導員の導入状況

外部指導員は、どれくらい導入されているのか。

中学校の場合、運動部活動の外部指導員数（参考種目を含む）は、２００１年時点で１万５９７２人だった。その後、急速に増加して、２００９年に３万１９１１人とピークを記録し、わずかに減少したもののほぼ横ばいで推移して、２０１５年時点

図５-２　外部指導員の数の推移

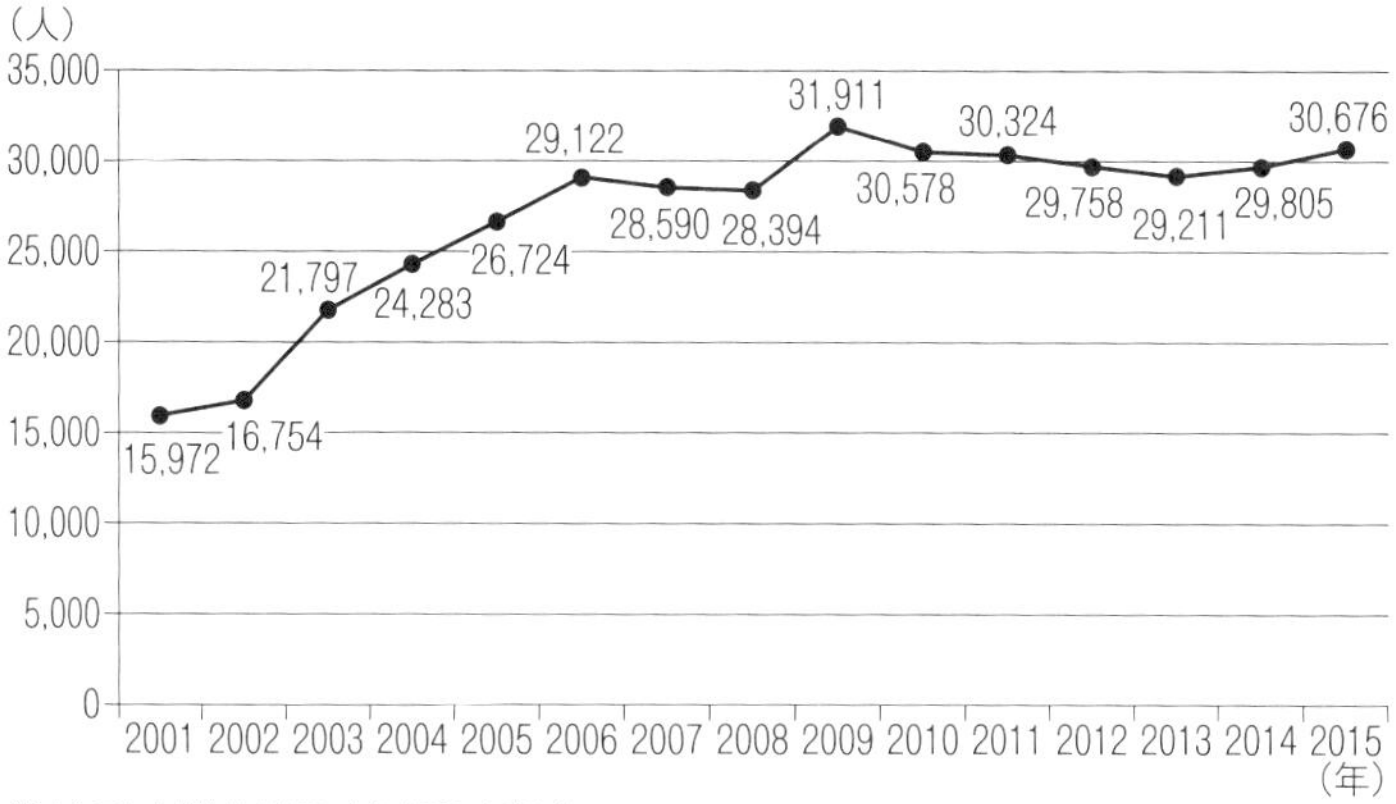

（出典）日本中学校体育連盟の各年度調査より作成。

で３万６７６人だ。この15年間で倍近くに増加している（図５―２）。

２０１５年の導入状況を、地方別に見てみよう。最も多く導入されているのは九州沖縄地方で６７３３人、最も少ないのは四国地方の８６２人だ。学校数で割った一校あたりの外部指導員数を求めると、最大が東北地方の４・８人、最小が近畿地方の１・４人だった。全国平均では一校あたり２・９人が導入されている（表５―４）。

次に、男女を合わせて競技別に見てみよう。最も多く導入されている種目はバスケットボールで３８２６人、最も少ない種目はアイスホッケーで20人だ。加盟登録されている運動部数の違いを考慮して、一部あたりの外部指導員数、言うなれば「普及率」を求めると、最大が新体操の90・６％、最小が陸上競技の８・０％だった（表５―５）。

表５-４　地方別に見た外部指導員の導入状況（2015年度、中学校）

	外部指導員数	学校数	一校あたりの人数
北海道地方	1,652	635	2.6
東北地方	4,821	1,008	4.8
関東地方	6,263	2,842	2.2
北陸信越地方	2,916	706	4.1
東海地方	3,828	1,109	3.5
近畿地方	2,156	1,488	1.4
中国地方	1,445	783	1.8
四国地方	862	440	2.0
九州沖縄地方	6,733	1,525	4.4
合　計	30,676	10,536	2.9

（出典）日本中学校体育連盟の2015年度調査より作成。

表５-５　競技別に見た外部指導員の導入状況（2015年度、中学校）

	外部指導員数	運動部数	普及率（%）
バスケットボール	3,826	14,520	26.3
卓　球	3,362	12,597	26.7
ソフトテニス	3,173	12,548	25.3
剣　道	2,829	10,428	27.1
バレーボール	2,787	11,072	25.2
軟式野球	2,607	8,755	29.8
サッカー	2,600	7,051	36.9
バドミントン	1,861	6,283	29.6
柔　道	1,819	5,330	34.1
陸上競技	1,022	12,827	8.0
ソフトボール	923	2,536	36.4
新体操	778	859	90.6
水　泳	641	6,219	10.3
体操競技	510	1,006	50.7
ハンドボール	452	1,330	34.0
スキー	218	656	33.2
相　撲	139	349	39.8
スケート	59	190	31.1
アイスホッケー	20	70	28.6

（出典）日本中学校体育連盟の2015年度調査より作成。

外部指導員の導入状況は、地方ごと、競技ごとに、かなりの違いがあることがわかる。

●外部指導員は救世主になるか

外部指導員を導入・活用することは、教師の負担を軽減し、部活を支えるための、重要な鍵になる。

ただし、課題はいくつもある。生徒の多様な欲求に応じつつ、学校の規模や特徴、地域性にも応じながら指導できる人材を育成すること、そうした人材を確保・配分するシステムをつくること、そのための財源を確保することなどだ。

これらの課題に向けて、たとえば東京都教育委員会は、人材バンクを構築し、『外部指導員のための部活動指導の手引』を作成した。また日本体育協会公認スポーツ指導者制度などの指導者育成のシステムは、まだまだ質・量ともに不充分な外部指導員を育成していくのに役立つかもしれない。

最近では、学校に教師以外の人材を増やそうとする「チーム学校」と呼ばれる政策を国が進めていて、その中で「部活動指導員」（仮称）の配置も検討されている。この話は、教師の負担を考える第7章で、もう一度取り上げる。

さて、外部指導員の導入が、生徒の教育にとって本当に良い結果を招くかどうかは、注意深く検討しなくてはならない。

たとえば、「教師は暴力を振るうからダメだ。地域の指導者はきちんと指導してくれる」と言われたりするが、実は根拠がない。一般論としては、教師のほうが良識や人権感覚を備えているはずだし、地域のおじさんたちのほうが危険な指導をしてしまうかもしれない。私も、暴力を振るってクビになった外部指導員を知っている。

確かにダメな教師はいるが、だからと言って外部指導員に期待しすぎるのも怖い。部活が教育活動であるかぎり、外部指導員に期待されるのは、単に競技力を向上させたり目先の結果を追い求めたりすることではなく、スポーツや文化活動を通じて生徒の人間性を育み豊かにすることだろう。

3　自治体の特色ある部活政策

●「朝練」は禁止すべきか——長野県の提言

自治体レベルでも、それぞれの問題意識や考え方に応じて、特色ある部活政策が試みられている。ここでは、「朝練」を禁止しようとした長野県の提言と、部活の指導を外部委託しようとした大阪市のプランを取り上げよう。

長野県では、始業前に活動をおこなういわゆる「朝練」の原則禁止が提言された。2013年11月に、長野県中学生期のスポーツ活動検討委員会が、「中学生期の適切なスポーツ活動のあり方について」を報告した。それによると、県下のほとんどの中学校で部活の朝練がおこなわれていて、その朝練に参加する生徒の3割が、睡眠不足や授業への悪影響を感じているという。そこでこの委員会は、「原則として、朝の運動部活動は行わない」と提言した。

突然の提言に、学校現場は驚き混乱した。教師たちからは、「朝練は大切」、「生活リズムや規律も整う」、「一律禁止はおかしい」と不満の声があがり、生徒自身からも「競技力が落ちる」、「絶対反対」、「ふざけないで」と訴える声があった。他方で「現状はやりすぎ」、「基準設定は良いこと」と考える教師もいたし、朝練を苦痛に思っていて禁止に賛成という生徒もいた。

賛否両論うずまく中、だったら広く意見を募《つの》ろうと、長野県はパブリックコメントをおこなった。すると、朝練禁止に賛成する意見、反対する意見が、かつてないほどの勢いで続々と集まった。中には、朝練と睡眠時間・学習時間は関係ないんじゃないかと、提案の前提に疑問を呈《てい》する意見や、「自主的」なはずの部活を規制することの是非についての意見も寄せられた。

これを受けて、2014年2月に長野県教育委員会は、「長野県中学生期のスポーツ活動指針」をつくり、その中で朝練の原則禁止を提言した。その理由は、①スポーツ障害の危惧《きぐ》（ウォーミングアップやクーリングダウンが充分にできない）、②健康面への影響（朝食から昼食までの間隔が空きすぎる）、③効果的な活動（放課後にまとめて活動したほうが効率的）、ということだった。ただし、県民の反対意見も多かったことなどを考慮して、日没が早く放課後の活動時間が確保できない冬季は、朝練を例外的に認めた。

では提言後、朝練の実態は変わったのか。提言がつくられる前の２０１３年度には、96・3％の中学校が朝練をおこなっていた。提言を受けた２０１４年度は、18・6％の中学校が「原則朝練を行わない」ことにしたが、6割以上の中学校は「検討中」だった。２０１５年度になると、「原則朝練を行わない」とする中学校は79・1％になった。ほとんどの中学校でおこなわれていた朝練が、8割の中学校で廃止された。この数字の変化を見ると、朝練禁止の提言が広く行きわたったことがわかる。

しかし、注意すべき点がある。朝練禁止になっている学校でも、「生徒の自主活動」として事実上、早朝の部活が続いていたりするからだ。「生徒の自主活動」と言っても、実は顧問が指導していたり、ふだんと変わらない内容で活動していたりする。しかし、その学校は、「生徒の自主活動」を公式の朝練とは見なさず、「原則朝練は行っていない」と教育委員会に回答している。「生徒の自主活動」という看板を掲げることで、巧妙に規制をくぐり抜けているわけだ。

こうした隠れた実態をどう考えるか。「生徒の自主活動」とは言うものの、本当に生徒たちが望んでおこなっているのか。学校側が管理主義的な思惑から強制しているなら、「生徒の自主活動」の看板に偽りアリだ。

また、仮に生徒が望んで「自主的」におこなっていたとしても、何でもオーケーと認めていいのか。結局、安全管理面から教師の付き添いが必要になるならば、顧問教師に、正規の勤務開始時間を無視した、事実上の「早朝勤務」を求めつづけることになる。

朝練禁止の提言が投げかけた波紋《はもん》は、これからも続くだろう。

●部活は外部委託すべきか――大阪市のプラン

大阪市では、部活の指導を民間事業者等に外部委託するプランが作成された。

２０１４年９月に、大阪市教育委員長が「中学校における運動部活動の改革のあり方について（試案）」を発表した。そこでは、いまの部活の課題として、制度的位置づけのあいまいさ、練習時間の長さや活動日数の多さ、教師の負担と専門性不足、少子化による部員数減少と休廃部、いじめや体罰の不祥事などが指摘され、それらを解決するための改革案として、民間事業者にスポーツ指導を委託することが示された。

この外部委託案は、あくまで学校の部活という形を維持しつつも、その指導を外部の専門家に有償で依頼しようとするものだ。大阪市は、運動部だけでなく文化部も含めた部活の外部委託の検討を進めて、2015年9月から、1400万円の予算を計上して、モデル事業として8つの中学校を選び、その部活の外部委託を始めた。業者への委託料は、2時間の指導で最大1万4千円。数年後に、モデル事業の結果が検証され、全市的に拡大するかを考えるという。

さて、外部委託すべきかどうか、賛否は分かれている。賛成派は外部委託のメリットとして、教師の負担が軽減できる、ハイレベルな技術指導が受けられる、競技力が向上する、生徒の希望が満たされる、教師の異動による廃部を防ぐことができる、地域との交流が増える、外部の目が入り可視化される、コーチ業界の新たな雇用が創出される、元選手のセカンドキャリアの受け皿になる、などを挙げたりする。

逆に反対派は外部委託のデメリットとして、教育とのつながりが途切れてしまう、生徒と教師の信頼関係がつくられない、人格形成や生徒指導ができなくなる、パイプ役の教師に負担がかかる、勝利至上主義になってしまう、モチベーションの低い生徒がやめてしまう、機会の格差が広がる、責任の所在があいまいになる、などを挙げたりする。

こうしたメリットとデメリットを勘案することは大切だが、他方で、そもそも外部委託なんてできるのか、という実現可能性の問題もある。改革案が示された当初、市立中学校のすべての部活を外部委託すれば、数十億円のお金が必要になるかもしれないと試算された。そんなお金どこにあるの⁉ とみんなが驚いた。

この驚きは、仕方のない普通の感覚かもしれない。だが、そんなお金はないんだから現状維持でいい、と考えるのは早計だ。なぜなら、そこでは大切なことが2つ忘れられているからだ。

1つは、市場価格で数十億円になると試算された労働を、いま現在、教師たちが肩代わりしていることだ。なかなか目に見えない教師の負担も、お金に換算してみると、その大きさを理解できる。教師がどれほど負担をこうむっているかを忘れてはいけない。

もう1つは、数十億円もかかるという話は、いまある部活の規模を維持したままでの外部委託を前提にしていることだ。教師の負担を軽減するための解決策は、外部委託だけではない。活動時間や日数を減らすなど、そもそもの部活の規模を縮小するという選択肢もあることを忘れてはいけない。

学校体育連盟の誕生

運動部活動の対外試合や競技大会を統括するのが、中体連や高体連、高野連といった学校体育連盟だ。

最も古い歴史を持つのが、高野連（日本高等学校野球連盟）で、1946年に設立された。次いで、高体連（全国高等学校体育連盟）が1948年に設立された。

どうして野球だけ別なのか、という素朴な疑問が浮かぶが、答えは単純、もともと野球だけが先にできたから。その後、野球も高体連にまとめようとする動きもあったが、独立したまま残りつづけている。

中体連（日本中学校体育連盟）は、少し遅くて、1955年に設立された。戦後の始まりの時期に、学校体育連盟は誕生した。

高野連は甲子園野球、高体連はインターハイ、中体連は全中と、学校体育連盟は競技大会を活発に開催してきた。

競技大会は、入場料を取ることもあるし、たくさんのお金が動く一大事業だ。そこに目をつけた税務署が、競技大会の入場料収入に税金を課そうとしてきた。

学校体育連盟はあわてふためいた。税金を取られてしまえば、お金が足りず、競技大会が成り立たなくなってしまう。部活の競技大会は、利益追求のための興業じゃない、学校教育の一環なんだ、と力説した。

それが認められて、競技大会は免税措置を受けることができた。その後、公益性をきちんとアピールするため、学校体育連盟は財団法人化していった。

ホッとひと安心だが、学校体育連盟は、部活は公的な教育であるという看板を下ろせなくなった。競技大会での直接的な利益追求はできなくなった。だから、良くも悪くも、甲子園野球の入場料は安いまま。バックネット裏でも2千円だし、外野席は無料だ。

「商業主義は教育的に望ましくない」という美辞麗句の裏には、お金がらみの大人の事情もある。

全国大会がなかった頃の「全国大会」

中学生の部活の全国大会は、1979年に第1回大会が開催されるまで、禁止されていた。理由は、お金がかかるし、大変だし、中学生なんだからそこまでしなくていい、と。

しかし実は、全国大会が禁止されていた頃にも、一風変わった「全国大会」が開催されていた。

当時から、陸上競技連盟や水泳連盟は、全国大会をしたがっていた。1964年の東京オリンピックが決まって、ぜひともメダルを獲れる選手を育成したい。しかし、全国大会は禁止されている。では、どうしたか。

陸上競技連盟は、全国のNHKに協力してもらい「放送陸上競技大会」を開催した。各都道府県の競技場に生徒が集まって、「よーい、ドン!」で走る。その記録を集めて東京で集計して、「全国1位は栃木県の○○君でした」というランキングをつくった。

水泳連盟も同じように、朝日新聞社に協力してもらって「通信水泳競技大会」を開催した。各都道府県のプールの会場で「よーい、ドン!」で泳いで、それぞれ集計して、東京でランキングをつくった。

陸上や水泳は記録の勝負なので、サッカーや野球みたいに相手が目の前にいなくても、大会ができたわけだ。実はこの方法は、国土の広いアメリカでも採用されていたりする。

しかし、そんな時代もあったけど、「やっぱり人を集めてしよう」ということになって、全国大会は中学校でもおこなわれはじめた。すると、どんどん大規模化して、交通費や滞在費などお金の問題や、大勢を一挙に集める施設の問題も出てきてしまう。

そんな問題を解決するために、放送陸上競技大会や通信水泳競技大会のような、フィクションの「全国大会」のやり方を思い返しても良いかもしれない。

謹呈　元文部科学大臣さま

前著『運動部活動の戦後と現在』（青弓社、2014年）は、純粋に学術的な本だったが、部活の政策を考える際に活用してもらえればと思って、文部科学省へ郵送で1冊謹呈した。宛名は、面識はなかったが、当時の文部科学大臣「下村博文さま」とした。

大臣のところへちゃんと届いたのかな、ほんの少しでも目を通してくれたかな、と内心ドキドキしていたが、反応はなかった。同僚研究者に話してみると、「僕が厚生労働大臣に医療関係の著書を謹呈した時は、すぐに礼状が送られてきたけどね」と言っていた。

ひと月、ふた月と経ったが、私には礼状は送られてこなかった。もしかすると、郵便事故が起きてしまったのかもしれない。

1年ほど経った時、国会の衆議院予算委員会で、部活が議論された。文部科学省と下村大臣を相手に質問に立ったのは、井出庸生議員。井出議員は、なんと拙著『運動部活動の戦後と現在』を手に持って、「中澤先生という若い学者が、部活を分析しています。大臣は、部活の意義や問題をどう考えるんですか⁉」と迫った。

答弁に立った下村大臣は、「へー、そんな本があるの」とは言わなかったが、「あー、その本は私も読みましたよ」とも言わなかった。あれ？　やっぱり届いていなかったのかな。郵便事故は恐ろしいね。

結局、その予算委員会の場では、部活の政策的な方向は定まらず、予算措置を伴ったビジョンが打ち出されることもなかった。文部科学省や大臣や与党のみなさんも、部活の政策を考えるための基礎情報が不足しているからだろう。そうした情報を提供するのは、研究者の役目だ。

よし、せっかくだから前著をもう一度、本書とあわせてお送りしようかな。今度は郵便事故が起きないことを祈りながら。

第6章

生徒の生命を守れるか

—死亡事故と体罰・暴力

前章までで、部活のこれまでの歴史や現状を見てきた。
いよいよ部活のこれからを考えていこう。
その第一歩は、早急に解決すべき
部活の重要課題について考えることだ。
本章では、生徒の生命を脅かす
死亡事故と体罰・暴力を取り上げる。

1　くり返されてきた死亡事故

●死亡事故の「発見」

部活にはたくさんの問題がある。体罰・暴力、死亡事故・安全管理、学業・生活との両立、過熱化や勝利至上主義、教師の負担・保障、指導者・指導力の不足、制度的なあいまいさ……そして、東京オリンピック・パラリンピックへの向き合い方。考えなければならない問題が山積みだ。

それらの中で、早急に解決しなければならない重要課題は何か。それは第1に、死亡事故や体罰・暴力から生徒の生命を守ること、第2に、苛酷な勤務状況から教師の生活を守ることだと、本書は主張する。

部活の重要課題の1つめは、生徒の生命を守ることだ。部活に参加する生徒の生命が、脅《おびや》かされている。知らぬ間にくり返されてきた死亡事故と、見て見ぬふりをされてきた体罰・暴力について、いまこそ考えなければいけない。

まず死亡事故について、本当に反省しなければならないことだが、私たちは「部活で子どもが死んでいる」という事実を、長い間知らなかった。正確に言うと、その時々の死亡事故は報道されていたが、そうした事例が積み重なり死亡事故がくり返されていることを、知らないでいた。

くり返される死亡事故という事実が「発見」されるきっかけとなったのは、内田良さんの衝撃的な研究成果だった。内田さんは、部活での死亡事故、特に柔道部での死亡事故の事例を集計して分析した。その成果の初出は２００９年９月で、後に『柔道事故』（河出書房新社、２０１３年）として出版された。この本の社会的インパクトは、これまで数多く出されてきた体育・スポーツ研究書の中で、最も大きかった。以下、同書で示されたポイントをまとめておこう。

２００１年度から２０１０年度までの10年間で、学校管理下のスポーツ活動中の死亡事故は３６４件だった。そのうち、運動部活動中の死亡事故は１９８件で、全体の54・４%を占めた（図６−１）。

図6-1　学校管理下におけるスポーツ活動中における死亡事故364件の内訳（2001～2010年度）

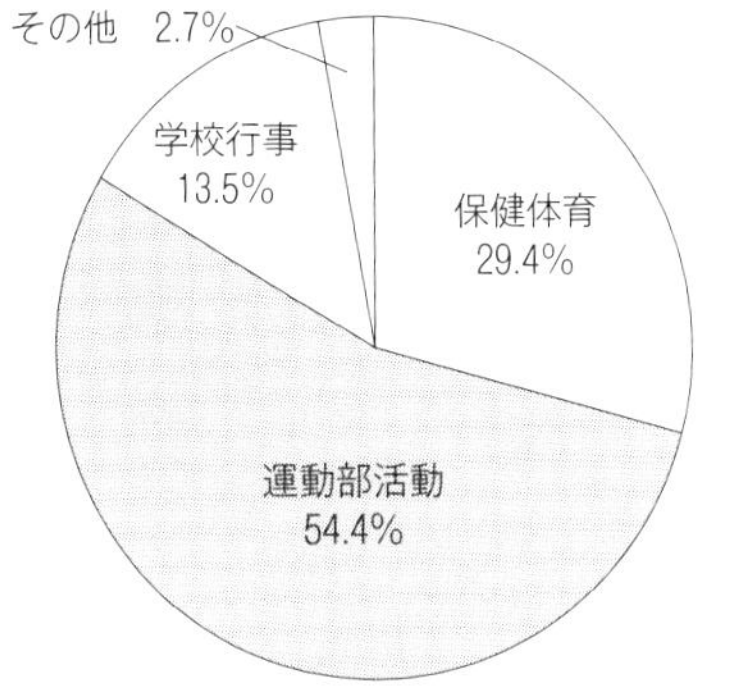

（出典）内田良『柔道事故』河出書房新社、2013年、25ページ。

中学校・高校運動部活動での死亡生徒数と死亡率を、種目別で詳しく見てみよう（図６−２）。中

図6-2　種目別に見た中学校・高校運動部活動での死亡生徒数と死亡率（2001～2010年度）

	中学校		高　校	
	死亡生徒数（2001～2010年度）	死亡率（部員10万人あたりの死亡生徒数）	死亡生徒数（2001～2010年度）	死亡率（部員10万人あたりの死亡生徒数）
陸　上	5	0.25	8	0.86
水　泳	1	0.23	2	0.65
バスケットボール	13	0.38	10	0.64
サッカー	8	0.36	13	0.87
野　球	7	0.23	17	0.97
バレーボール	1	0.04	6	0.53
テニス・ソフトテニス	7	0.17	5	0.24
卓　球	4	0.16	1	0.14
ソフトボール	1	0.16	2	0.63
柔　道	12	2.39	13	3.45
剣　道	0	0.00	8	1.47
ラグビー	—	—	11	3.84

中学校での死亡率（2001～2010年度の部員10万人あたりの死亡生徒数）

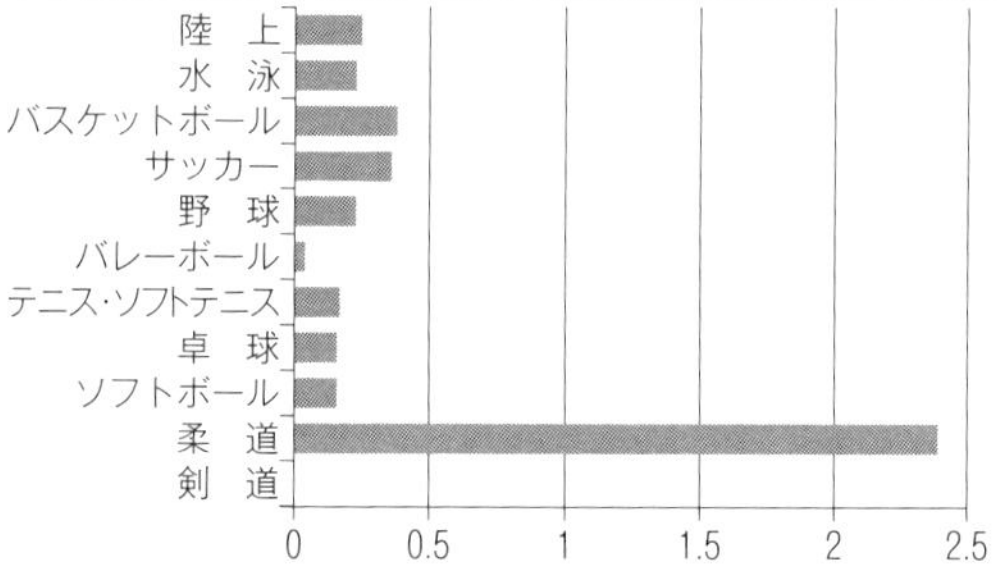

高校での死亡率（2001～2010年度の部員10万人あたりの死亡生徒数）

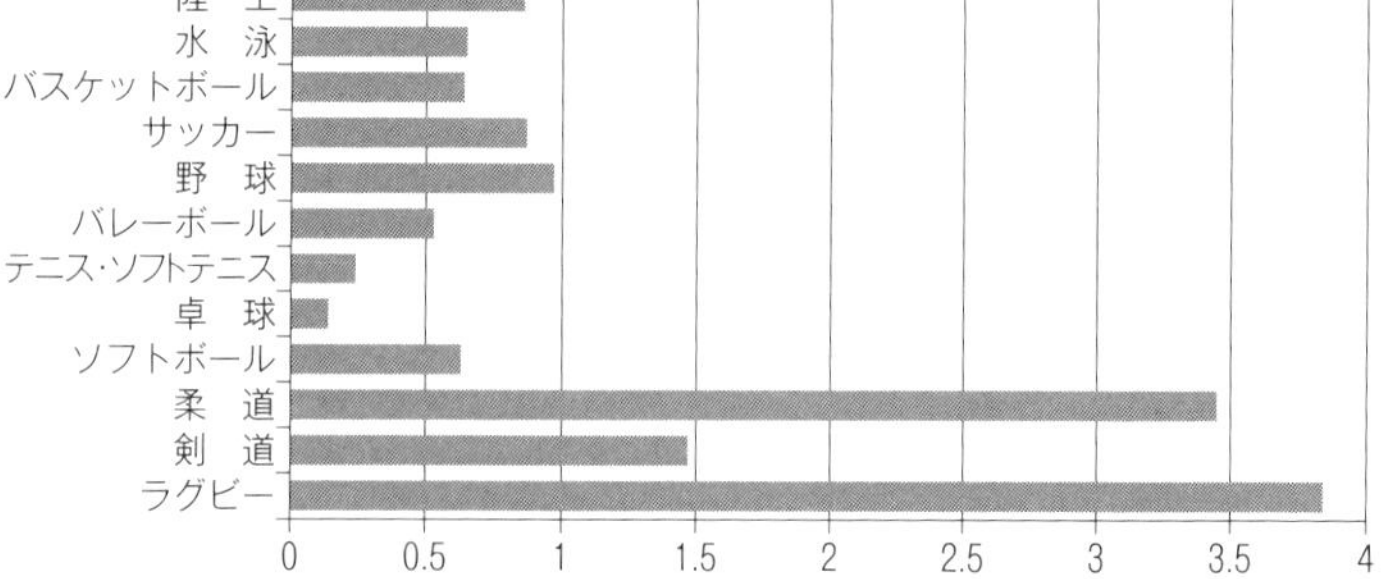

（出典）内田良『柔道事故』河出書房新社、2013年、28～29ページ、一部改変。

学校・高校を合わせた死亡生徒数は、柔道が25人で最も多く、続いて野球の24人、バスケットボールの23人、サッカーの21人となっている。

種目ごとの部員数の違いを考慮して、部員10万人あたりの死亡率を見ると、中学校では柔道、高校では柔道とラグビーが突出して高い。内田さんが、特に「柔道事故」を取り上げて注意喚《かん》起《き》したのは、こうした統計的な根拠にもとづいている。

柔道では、およそ30年間（1983～2011年度）で118人の生徒が亡くなった。死亡事故は、中学1年生や高校1年生など初心者に多く、投げ技による頭部・頸部《けいぶ》外傷が死因となる傾向がある。また、夏場には熱中症による死亡事故も多い。指導にあたっては最大限の注意が求められる。

●死亡事故ゼロをめざして

内田さんの研究成果がメディアで大きく報道されたことで、私たちは部活の死亡事故を「発見」した。それをきっかけに、世の中が変わりはじめた。

わが子を柔道事故で亡くした被害者家族たちは、2010年3月に「全国柔道事故被害者の会」を立ち上げた。会の設立目的は、「柔道事故の被害に遭《あ》われた方とその家族の支援と、その活動を通じて柔道の安全に貢献すること」だった。

この「被害者の会」は、国会議員や文部科学省、そして全日本柔道連盟に、被害者家族としてのやり切れない思いを訴えるとともに、今後の事故防止への取り組みを強く要望した。

それに呼応して、衆議院議員有志が２０１１年12月から「学校における柔道事故に関する勉強会」を定期的に開催しはじめた。

文部科学省は、学校現場での安全確保を徹底するよう通知を出し、「体育活動中の事故防止に関する調査研究協力者会議」を立ち上げて、２０１２年７月に「学校における体育活動中の事故防止について」の報告書を出して、現状の課題と今後の安全対策をまとめた。

全日本柔道連盟は、被害者の会とともに協議会という形で対話を進めながら、２０１４年８月に「重大事故総合対策委員会」を設置し、現場向けパンフレット『柔道の安全指導』を改訂するなどして、事故ゼロをめざした。

これらの取り組みによって、２０１２年度、２０１３年度、２０１４年度には柔道での死亡事故はゼロになった。それまで年平均４人が死亡していた学校柔道は変わり、もうこれで大丈夫、と安心できるような気がした。１１８人も犠牲者が出てしまったことはきちんと反省され、もう二度と死亡事故が起きることはない、死亡事故はゼロにできるんだ、という明るい希望が見出されたような気がした。

しかし、２０１５年度には、ふたたび死亡事故が２件起きてしまった。２０１５年５月に中学1年生の女子柔道部員が、投げ技による頭部外傷で死亡した。119人めの犠牲者だった。8月には高校1年生の男子柔道部員が、熱中症で死亡した。120人めの犠牲者だった。さらに2016年度にも、1件の死亡事故が起きてしまった。121人めの犠牲者だった。

頭部・頸部外傷や熱中症という、これまで何度もくり返されてきた典型的なパターンが、また同じように起きてしまった。死亡事故ゼロは、残念ながらいまだ道半ばだ。

2 見て見ぬふりをされてきた体罰・暴力

●桜宮高校バスケットボール部体罰事件

死亡事故だけでなく、体罰・暴力によっても、生徒の生命は脅かされている。

死亡事故が知らぬ間にくり返されてきたのとは違って、体罰・暴力は、見て見ぬふりをされてきた。部活で体罰・暴力があることは誰もが知っていたにもかかわらず、「体罰は時には必要だ」と言われて、長らく続いてきた。たとえば、1985年に岐阜県立中津商業高校で、陸上部の女子生徒が、顧問教師による体罰・暴力に苦しみ自殺している。

そして最近では、2012年12月に、大阪市立桜宮高校バスケットボール部でキャプテンの生徒が、顧問教師からの体罰・暴力に苦しみ自殺し、大きな社会問題になった。その実態は、目を覆いたくなるほど悲惨だった。以下では、各種メディア報道と裁判記録、そしてルポルタージュ『桜宮高校バスケット部体罰事件の真実』(島沢優子、朝日新聞出版、2014年)を参照しながら、事件の経緯をたどる。

バスケ部には「倉庫イン」という隠語があった。体育館で活動中に、体罰のターゲットにされた部員は、顧問教師に倉庫の中へ連れて行かれて、殴られ、蹴られた。

こうした体罰は常態化しており、部員たちは体罰のターゲットになることを「ハマる」と表現していた。バスケ部で部員たちは、バスケを楽しむどころではなく、日々「ハマるか、ハマらないか」におびえていたという。

自殺したキャプテンの生徒は、そうした体罰を受けつづけていた。生徒は、自殺する4日前に、顧問に宛てた手紙を書いた。タイトルは、「私が今思っていること」。全文を記す。

「僕は今、キャプテンとして部活に取り組んでいます。先生が練習や試合で、自分ばかりに攻めてくるのに僕は不満を持っています。たしかに、自分は先生に言われたことができないし、ルーズボールもしなかったです。でも、それをしていないのは僕だけですか?

僕はそうではないと思います。一年の＊＊や、＊＊が一回ミスしただけでは言わないのに、僕が一回ミスしたら必ず怒られます。昨日の話を聞いていても、こういうことをする人がキャプテンになる人と言っていましたが、どこのどんなチームでも、そんな完璧な人いないと思います。僕は先生に言われたことをしようとは思っています。考えようと努力もしています。でも、なかなかできないです。リーダーの本も読んだのですが、それがすべてできるとも思っていないです。先生は僕に完璧な人間になれと言っているようにしか僕は聞こえないです。僕は、先生がキャプテンが必要とすると言っている、多くのことができていないです。やろうとはしています。僕は僕なりに、その場の出来事をどうやったらいいだろう。と考えています。先生は僕に、何も考えていないと言いますが、僕は考えています。いつもその場で答えることができませんが、じゃあ逆に、それを完璧に答える人はいるのですか？　たまにはいると思いますがたいていの高校生にはいないと思います。＊＊さんが講習会をしてくれた日に僕は＊＊さんが言っていることを自分なりに理解して一生懸命やりました。なのに、なぜ、翌日に僕だけがあんなにシバき回されなければならないのですか？　一生懸命やったのに納得いかないです。理不尽だと思います。僕は、今正直、何やっても無駄だと思います。キャプテンをしばけば何とかなると思っているのですか？　毎日のように言われ続けて、僕は本当に訳が分からないとしか思っていません。先生は僕に、専攻の授業前に、ポケットに手を突っ込む奴がいるから止めろと言いました。でも、次週の朝礼の帰りに、先生はポケットに手を突っ込んでいました。それは、言っている人は言ったことを守るべきではないですか？　と僕は思います。僕は問題起こしましたか。キャプテンしばけば解決すると思っているのですか。もう僕はこの学校に行きたくないです。それが僕の意志です。」（原文のまま、＊＊は名前）

結果的に生徒の遺書になったこの手紙には、悲痛な叫びが訴えられていた。「なぜ僕だけがあんなにシバキ回されなければならないのですか？」「キャプテンをしばけば何とかなると思っているのですか？」「もう僕はこの学校に行きたくないです。それが僕の意志です」……。もしかし、生徒はこの手紙を顧問教師に出さず、ふたたび学校に行き、バスケ部を続けた。もしかすると、顧問教師と和解するわずかな可能性、体罰を受けずにバスケをまた楽しめる最後のチャンスに賭《か》けたのかもしれない。

だが体罰は続いた。亡くなる前日の練習試合を撮影したビデオ動画は壮絶だ。顧問教師は、この生徒を怒鳴りながら、両手を交互に振り上げて頬《ほお》をビンタしつづける。ビンタされるたびにこの生徒は「ハイッ！」「ハイッ！」「ハイッ！」と返事をし、後ずさりしていく。顧問教師のビンタは終わらず、叩きながら生徒を追いつめていく。生徒は、何発も何発も殴られつづけた。

そして次の日の早朝、生徒は自宅で首を吊り、自殺した。

この事件は、2013年に詳しく報道され、大きな社会問題になった。それを受けて、首相官邸が主導した教育再生実行会議は、2013年2月に出した「いじめの問題等への対応について（第一次提言）」の中で、「体罰禁止の徹底」を提言した。

文部科学省は、2013年5月に「運動部活動の在り方に関する調査研究報告書」を発表し、その中で「運動部活動での指導のガイドライン」を示した。そのガイドラインでは、禁止されるべき体罰の具体例として、「殴る・蹴る」、「無意味な正座」、「水を飲ませずに長時間ランニング」、「パワーハラスメント」、「セクシャルハラスメント」、「人格否定的な発言」などが挙げられた。

生徒を自殺に追い込んだ悲劇によって、体罰・暴力根絶の気運が、かつてないほど高まっている。

●外国人研究者が見た「ニッポンの体罰」

体罰の問題は、日本人にとっては身近すぎて、その恐ろしさや恥ずかしさになかなか気づけない。そこで、外国人研究者が「ニッポンの体罰」をどのように見ているのかを参考にしてみ

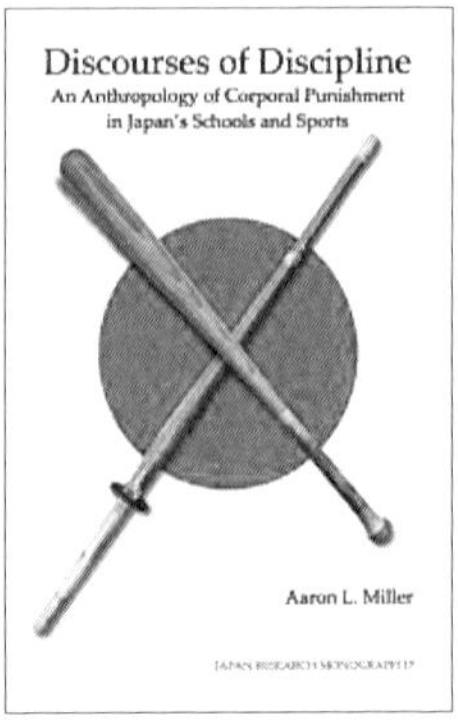

アーロン・ミラー著『規律訓練の言説――日本の学校とスポーツでの体罰の人類学』

よう。

くしくも桜宮高校バスケットボール部の体罰事件が日本で大きく報道された2013年に、アメリカで「ニッポンの体罰」をテーマにした学術書が発刊された(Aaron L. Miller, *Discourses of Discipline*, Institute of East Asian Studies.)。この本の表紙のイラストは、皮肉を込めて、日の丸にバットと竹刀で×《バツ》(罰)印が描かれている。

著者はアーロン・ミラーさん。文化人類学と日本研究を専門とするアメリカ人だ。ミラーさんは、いまから10年以上前に初来日し、愛媛県の中学校で英語教師として働いていた。そこで授業や部活に関わった時、体罰を目の当たりにして驚いた。

どうして日本では、これほど体罰があるのだろう。日本人は体罰を、どう意味づけているのだろう。ミラーさんは、そんな疑問を学術的に考えはじめて、この本を書いた。その内容を少し紹介したい。

たとえば、体罰の歴史をひもとくと、「体罰」という言葉がまだなかった大昔にも、日本には身体の処罰があった。なんと奈良時代の万葉集にすでに書かれていたり、江戸時代には寺子屋でおこなわれたりしていた。

明治時代に、英語の corporal punishment が「身体の処罰」と翻訳され、日本政府はそれを「体罰」と短縮して用いた。そして世界でもいち早く、1879年の教育令で、学校での体罰を禁止した。意外なことに、法律で見ると、日本は体罰禁止の「先進国」だった。実態として体罰はおこなわれつづけていたが、「日本は、野蛮な体罰を禁止して子どもを大切にする先進国なんですよ」と、国際的にアピールしようとしたわけだ。

戦後も、1947年に学校教育法第11条で体罰が禁止されるが、やはり体罰はおこなわれつづけた。1960年代の高度経済成長期には、たくましい労働者を育てるためには体罰が有効だと言われたり、1980年代の校内暴力の時代には、非行生徒を押さえつけるために体罰も必要だと言われたりした。法律で禁止されているはずの体罰が、ずっとおこなわれつづけてきた。

ミラーさんは、体罰が続いてしまう理由を考えるためには、体罰を受ける側がなぜ体罰を拒否せずに受けとめるのかを考えなければならない、と指摘する。体罰は、傍《はた》から見れば、生徒や選手を殴ったり蹴ったりする暴力であり、普通に考えれば、生徒や選手は逃げたり反撃したりするはずだ。しかし、その体罰を使う教師やコーチは、体罰が生徒や選手の能力を伸ばし、立派な大人や優れた選手に成長させる、と信じている。そして体罰を受ける生徒や選手自身も、そう信じている。

ミラーさんが注目するのは、このような、体罰を使う側と受ける側の〝奇妙な〟意味づけ方だ。すなわち、暴力を、能力を伸ばしたり成長させたりする必要悪と意味づけたもの、それが「体罰」ではないか。

つまり「体罰」は、日本人の意味づけ方や言葉の使い方によって続いている。日本人が、暴力を「生徒や子どものため」と意味づけて、「体罰」と呼ぶから、「体罰」は続く。だから、批判されるべきは、暴力そのものだけでなく、その暴力を「体罰」と意味づけること、そして「体罰」という言葉を使うことにまで及ぶ。

ミラーさんは、そんなふうに「ニッポンの体罰」を論じて、体罰が続く日本社会に鋭く反省を迫った。

このように外国人の目線から「ニッポンの体罰」が、その恐ろしい部分や恥ずかしい部分も含めて丸裸にされると、私たち日本人は衝撃を受ける。その衝撃をしっかりと反省へつなげられた時、あらためて、身近すぎて気づかなかった「体罰」（いや、それは暴力！）の問題に取り組むことができる。

3　生徒の生命を守る

●生徒への法的な補償

死亡事故や体罰・暴力が生じてしまったら、法的にどのような補償がなされ、誰にどんな責任が求められるのか。

まず被害を受けた生徒側から見ると、事故発生後の治療費などが、日本スポーツ振興センター法および施行令にもとづいた災害共済給付制度によって、支払われる。そこで定められた「学校の管理下における災害の範囲」に、「児童生徒等が学校の教育計画に基づいて行われる課外指導を受けている場合」が含まれているため（日本スポーツ振興センター法施行令第5条）、その具体的なケースとして部活が該当すると理解されているからだ。

災害共済給付制度は、自治体からの補助もあるので、保護者の負担額は年額500円〜1千円程度と安く、ほとんどの家庭と学校が加入している。だから、不慮《ふりょ》の事故で生徒がケガをしたり、障害が残ったり、亡くなってしまったりした時、手厚い補償が受けられるようになっている。

たとえば、死亡した場合、最大2800万円が給付される。負傷した場合であれば、療養《りょうよう》費用の4割が給付される。一般的には国民健康保険などがあり、自己負担額は3割になっているはずなので、その3割分が全額返還されたうえ、残りの1割が見舞金として支払われる計算になる。このように災害共済給付制度は、民間の医療保険などに比べて、非常に手厚く、メリットが大きい。

ただし、この制度で補償してもらうためには、部活が「学校の管理下」であることが条件になる。だから、部活は生徒だけで活動するのではなく、教師が顧問に就く必要が出てくるし、地域に出て好き勝手に活動するのではなく、学校の施設内で計画的に活動する必要が出てくる。逆に言うと、部活をやめて地域クラブへ移行すれば、「学校の管理下」を離れることになって、手厚い補償が受けられない、といった課題が生じてくる。

具体的な裁判例を1つ紹介しよう。1987年12月に埼玉県草加市で、公立中学校のサッカー部が、冬休みに、学校外の市営グラウンドで、教師ぬきの部員だけで「自主練習」をおこなった。その時、部員が急性心不全で死亡する事故が起きてしまった。この事故を、災害共済給付制度で補償すべきか、遺族に死亡見舞金を支払うべきか、裁判で争われた。

争点は、この活動が「学校の管理下」にあったかどうか。1993年に東京高裁で確定した結論は、補償すべきではない、死亡見舞金は支払わない、というものだった。この「自主練習」は、「学校の管理下」にある課外活動とは見なされなかった。

裁判の証拠になったのは、たとえば冬休み中の「部活動計画」の文書だった。そこにこの活動は記されていなかったため、「学校の管理下」を離れた「自主練習」と認定された。だから、手厚い災害共済給付制度を受けられなかった。

●教師の法的な責任

監督する顧問教師側から見ると、一般的に、事故が起きたことへの責任として、①刑事上の責任（指導上の過失による生徒の死傷に対する業務上過失致死罪の適用など）、②民事上の責任（生徒の死傷に対する損害賠償など）、③行政上の責任（職務上の義務を怠ったことに対する懲戒処分など）が問われる。

顧問教師は、法定監督義務としての安全配慮義務（指導監督義務、安全保護義務、危険予見義務、危険回避義務など）を負っているからだ。顧問教師は、事故が起きないように、生徒の安全に配慮する責任がある。

こちらも裁判例を1つ紹介しよう。2007年5月に兵庫県立龍野《たつの》高校で、テニス部のキャプテンの生徒が熱中症で倒れて、重度障害を負った事故が起きた。この日の部活は、初夏の日差しの中、11日ぶりにおこなわれたものだった（定期試験明けだった）。

顧問教師は、途中まで活動に立ち会っていたが、出張のため途中から抜けた。その時、このキャプテンの生徒に練習メニューの指示を出して、活動を続けさせた。

顧問不在で部活をすること自体は、それだけでは問題とはならない。そもそも部活は生徒の「自主的」な活動だから、教師は部活のすべてに常に立ち会う義務を負うわけではない、とされているからだ（1983年2月の最高裁判断）。

問題はその先にある。顧問教師不在の中、この生徒は言われたとおり、真面目に熱心に練習活動を続けたが、熱中症に倒れて、一時心肺停止状態になり、低酸素脳症で寝たきりの状態になってしまった。

この事故に対する責任を問うべく、生徒の両親が、顧問教師と学校を安全配慮義務違反で訴えた。争点は、生徒が自分で休憩を取ればよかったのだから、顧問教師に責任はないのか、それとも、顧問教師は、自身が不在とはいえ、あらかじめ水分補給などの指示を与えておくべきで、それを怠《おこた》った責任があるのか。

2015年12月に最高裁は、顧問教師に責任があると判断し、兵庫県に2億3千万円の賠償を命令した。つまり顧問教師は、熱中症の危険を予測して、休憩させたり活動を中止させたりしなければならなかった、ということだ。

こうした裁判は個別事情が細かく考慮されるので、すぐに一般化はできないが、事故が起きれば顧問教師が無責任でいられるとは限らない。

ところで、この裁判では、実際の賠償命令が向けられたのは、顧問教師個人ではなく、学校設置者である兵庫県だった。公立学校教員は公務員であり、公務員の不法行為は国や自治体が責任を負うことになっているからだ（国家賠償法第1条）。

公務員は、公権力に縛られて公的なルールに従って動いているのであり、その個人が自分の考えで自由に動いているわけではない。だから、もしそれが悪いことだったなら、公務員をそのように動かした大本の公権力が責任を負う、と法律で決められている。

この法律は、公務員が安心して公務に専念できるためには、確かに必要だ。でも、ちらりと疑問に思うのは、そもそも部活は公務なのか、部活での顧問教師のふるまいは公権力で規定されたものなのか、ということだ。

●部活から逃げる選択肢

さて、法的な補償と責任の仕組みはそのようになっているとしても、それは事故が起きてしまった後の話だ。いままさに、部活で死亡事故や体罰・暴力が起きてしまいそうだったり、生徒の生命が脅かされようとしているならば、どうするか。

本当にどうしようもなくなったならば、シンプルな解決策がある。部活から逃げる、という選択だ。

「そんなことできるの？　部活って、しなきゃダメなんじゃないの⁉」と思った方もいるかもしれない。でも実は、部活から逃げることはできるし、さらに言うと、生徒は学校から逃げることもできる。たとえ義務教育の中学校であっても、生徒は逃げられる。

「何？　中学校は義務でしょうが！」と驚かれそうだが、法的に言うと、生徒は義務教育を受ける義務はない。

あまり知られていないが、義務教育の「義務」の意味は、親と国の義務であって、子どもの義務ではない。日本国民は「普通教育を受けさせる義務を負う」（教育基本法第5条）と決められていて、具体的に法律が命じているのは、子どもを学校へ就学させる親と国の義務だ（学校教育法第16条・第17条）。

親は、子どもを学校に行かせたり、教育を受けさせたりする義務がある。国は、学校をつくったり、教育環境を整えたり、子どもが教育を受けられる条件を整備する義務がある。

他方で、法律上は子どもに義務はない。というよりも、子どもはまだ子どもなのだから、法的な義務を課すこと自体がおかしい。たとえば不登校の子どもが家に引きこもっていても、その子どもに法的な責任はないし、ましてや教師が家に乗り込んで子どもを学校に強制送還するなんてこともできない。

だから、学校から逃げることは不可能じゃない。そして部活から逃げることもできる。「そうは言っても、ウチの地域では、教育委員会が部活を推奨《すいしょう》しているし、学校も部活加入を指導してくるんだけど」と思った方がいるかもしれない。確かに教育委員会や学校は、生徒を教育することが仕事なので、教育として生徒に部活加入を勧めたりする。しかし、部活はあくまで「自主的」な活動なのだから、部活から逃げる選択肢は残されている。言いかえると、部活を「自主的」な活動と認めているかぎり、強制はできない。

また、仮に本気で強制しようとするなら、かえって教育委員会や学校のほうが困るかもしれない。と言うのも、もし部活を強制するのなら、部活に必要な資源を公的に用意する責任が生じてくるからだ。

義務教育は無償であることが、法律で決まっている（日本国憲法第26条、教育基本法第5条、学校教育法第6条）。だから、中学生はタダで授業を受けられる。

でも、部活にはお金がかかる。毎月の部費や試合の交通費、合宿費などなど……経済的に苦しい家庭の子どもであれば、部活をあきらめざるをえないこともある（ただし要保護児童の場合、部活の用具購入には就学援助が受けられるので、困っている家庭は自治体や学校に相談してみてほしい）。

部活は、学校教育の一環と言いながら、受益者負担の原則になっているのが現状だ。今後もし教育委員会や学校が、部活を強制しようとするならば、全生徒への公的な部活支援も検討しなくてはならなくなる。

だから、生命が脅かされるほどに部活が苦しく恐ろしければ、生徒は、部活から逃げたっていい。もっとはっきり言えば、逃げるべきだ。生命より大切なものはないのだから。シンプルだが忘れられがちな、逃げるという選択肢を提示しておきたい。

●部活を安心・安全な場所に

そうは言っても、逃げるという最後の選択をとるほどに生徒が追い込まれるのは、悲しいことだ。そうなる前に、部活を安心・安全な場所に変えていかなければならない。

部活に絶望している読者は、「部活なんてなくせばいい」と言うかもしれない。それでも、重要課題を乗り越えて、部活を改善することはできないものか。部活の未来に希望はあるか。

柔道事故の問題解決に取り組んだ被害者家族は、いま、柔道に限らないスポーツ全般の安全なあり方をめざして、新しい展開を見せはじめている。2015年10月に「青少年スポーツ安全推進協議会」が設立された。柔道部での死亡事故という特定の問題を超えて、広く部活全体を、安全な場に変えていこうと動き出した。

私も柔道事故被害者の家族に話を聞いた。想像を絶する体験をした当事者に、どういう構えで臨《のぞ》めばいいかわからなかったが、私は話を聞きたかったし、聞くべきだと思った。家族たちは、私の不躾《ぶしつけ》な質問を、温かく真摯《しんし》に聞いて答えてくれた。緊張しっぱなしだった私に、あえて冗談を交えた話しぶりで、リラックスさせてくれる心づかいも見せてくれた。絶望の淵《ふち》に落とされた当事者の経験を、私を含む非当事者たちが受けとめ、未来へ活かさねばならない。

体罰・暴力問題については、２０１３年４月に、日本体育協会、日本オリンピック委員会、日本障害者スポーツ協会、全国高等学校体育連盟、日本中学校体育連盟が共同で、「スポーツ界における暴力行為根絶宣言」を出した。そのタイトルには、「体罰根絶」ではなく「暴力行為根絶」と謳《うた》われている。およそ４千字の本文中にも「体罰」の文字はなく、すべて「暴力」と表現されている。

日本サッカー協会の啓発ポスター
（協会ウェブサイトより）

種目別で見ると、日本サッカー協会の取り組みは先進的だ。２０１３年６月に「暴力根絶相談窓口」を協会内部に設置し、暴力、暴言、威嚇《いかく》などの問題の相談を受け付けはじめた。その啓発ポスターに記されたメッセージは、「サッカーに暴力も暴言もいらない！」。ここでも、「体罰」という言葉は使われていない。

問題は「体罰」ではなく、「暴力」と「暴言」だと見なされている。ミラーさんの指摘と同じく、体罰問題を暴力問題と捉え、その解決をめざす動きがある。

最後にもう一度、桜宮高校バスケ部での「体罰」事件に戻ろう。「体罰」をふるったこの顧問教師は、懲戒《ちょうかい》処分として免職になった後、刑事事件の被告として起訴された。罪状は暴行罪（刑法208条、暴力をふるったことの罪）と傷害罪（刑法204条、ケガを負わせたことの罪）だった。

これまで公立学校教員が「体罰」をふるっても、先ほどの事故補償の場合と同じように、公務員の身分に守られて、個人として罪を問われなかった（国家賠償法第1条）。しかし桜宮高校の事件では、顧問教師の行為はもはや「体罰」ではなく、暴行と傷害の罪を負うべき暴力であると認定された（生徒側家族が望んでいた過失致死罪は、審判対象にならなかった）。顧問教師は懲役1年、執行猶予《ゆうよ》3年の有罪判決を受けた。

この判決は、「体罰」ではなく「暴力」を裁いた点で画期的だった。体罰問題は暴力問題として扱われるべきだし、実際にそうなりつつある。生徒の生命が守られるように、部活を安心・安全な場所にしなければならない。

部活マンガを語る①

上杉達也は敬遠しない

部活を描いたマンガを語ろう。

『大甲子園』（水島新司、1983年連載開始）は、山田太郎と中西球道の対決が熱い。中西は金属バットもへし折る剛速球を投げ、山田はそれをホームランで返す。野球玄人が敬遠を勧めそうな場面でも、二人は真っ向勝負。そう、私たちが憧れる部活マンガのヒーローは、敬遠なんてしないのだ。

『タッチ』（あだち充、1981年連載開始）でも、上杉達也は敬遠しない。達也は、幼なじみで、可愛くて、最高に素敵な浅倉南に恋をした。そして南の夢だった甲子園出場がかかった試合、1点リードの延長10回裏、ツーアウト、ランナー2塁のピンチを迎える。達也もチームメイトも、ここは敬遠するのがセオリー、とはわかっていた。しかし達也は、勝負を選び、勝負に勝って、南に愛を告白する。「上杉達也は浅倉南を愛しています。世界中のだれよりも」

こんなクサイ台詞を言えるのは、かっこいいヒーローだから。敬遠なんてしていたら、あの南ちゃんが相手にしてくれるわけがない。上杉達也は敬遠しない、だからかっこいい。ヒーローは真っ向勝負、だから部活マンガはおもしろい。

野球の一番のおもしろさは、投手と打者の真っ向勝負にある。敬遠は、それを成立させない。敬遠も立派な作戦？　ちゃんちゃらおかしい。勝負を避けてはつまらない。勝負を成立させないなんて、興ざめだ。

しかし、敬遠はルール違反ではない。だから私は、ルール改正を提案しよう。敬遠のような、勝負を成立させないボール球は、「大ボール」としてノーカウントにする。つまり、ストライク／ボールという投球判定の仕方を、ストライク／ボール／大ボールと変える。そうすれば、勝負が成立した場合にだけ、ゲームが進行する。おもしろさを生む勝負の機会を、ゲームの中心に置きつづけるために。

部活マンガを語る②

国松さまは教えてくれる

もっと部活マンガを語りたい。

1つの種目にこだわらず、種目横断的に部活を描いた作品に、『ハリスの旋風』(ちばてつや、1965年連載開始)がある。国松さまのお通りだい! と石田国松が、ハリス学園の部活で、まさに旋風のごとく大活躍する。

国松は、入学早々に、空手部、野球部、柔道部、サッカー部、ラグビー部、陸上部、水泳部と7つの運動部に入部した。さらに剣道部、ボクシング部にも入って大暴れ。新聞部にも入って記者として狂奔し、調子に乗って「バレー部」にも入ってみたら、女子バレリーナだらけでびっくり。国松は、気になる部活があると、兼部に兼部を重ねながら、どんどん入ってそれぞれの部活を楽しんだ。

しかし、入ってみたものの楽しくない部活もあった。ボクシング部(拳闘部)は、なまけ者の集まりで、しごきや暴力ばかりで最悪だった。そこで国松は、学園長に直談判して、「新拳闘部」をつくりたいと訴えた。学園長が、それではボクシングをしたい生徒が迷うじゃないか、と言うと、国松はこう返した。

「それです。それがおれの目的なんです。つまりですね。部員に自由にえらばせるんですよっ。なまけ者の先輩たちがうろうろして、ろくすっぽ練習させてくれない拳闘部がいいか。それとも練習熱心なファイトのある、それでいてしごきもなにもない明るい平和な新拳闘部がいいかを」(『ハリスの旋風』5巻、81ページ)

国松は、好きな部活を自分で選ぶことが大切だ、と教えてくれる。好きなことが新しく出てきたら、選び直してもいい。国松がいろんな部活を次々と楽しんだように。もし、自分がしたい部活がなかったなら、部活をつくればいい。選択したくなる選択肢をつくればいい。そんな可能性も、国松は教えてくれる。

第7章

教師の生活を守れるか

―苛酷な勤務状況

生徒の生命を守ることができたら、
次に来る部活の重要課題は、
教師の生活を守ることだ。
本章では、苛酷な勤務実態に苦しむ
顧問教師の負担にスポットを当てる。
部活を支える教師を支えなければ、
部活は成り立たない。

1 「ブラック部活」

●顧問を拒否した「真由子」先生はわがままか

『毎日新聞』（2014年11月3日付）に、「『真由子』はわがままか」という意味深なタイトルの社説が掲載された。

「真由子」とは、ネット上で話題になっていたブログ「公立中学校　部活動の顧問制度は絶対に違法だ!!」を運営する、公立中学校教師だ。「真由子」先生は、2013年3月にこのブログを開設して、土日も休めず部活に従事しなければならない顧問制度の理不尽さを訴えた。

たとえば、「35連勤という人体実験」という記事には、次のように書かれてある。

「一週間の激務が終わっても、土日の部活が待っている。なんとかかんとか土日の部活を終えると、月曜の一時間目が待っている。当然、授業研究も間に合っていない。だから、日曜日に授業研究をする。家に帰るとたたまれていない洗濯物の山が待っている。食事は毎日のようにコンビニ弁当ばかりである。

このサイクルを4回やりました。症状はと言えば、目は常に充血し、頭は部活のことでいっぱいいっぱい。首筋に帯状疱疹《たいじょうほうしん》ができ、ストレスでイライラが止まらない。イライラのせいか、お酒を飲む機会が増えていきました。

土日がなく、休日に身動きが取れないと、このような症状が出るということがわかりました。……このサイクルをこれから定年まで続けるかと思うと、心底ぞっとするのです。」（2014年7月23日付）

多忙をきわめ、帯状疱疹やストレスに悩みながら、週7日×5週間＝35日間も連続で勤務したという内容だ。

こうした苛酷な勤務状況に耐えきれなくなって、「真由子」先生は、ついに顧問を拒否した。部活担当の他教師から顧問を依頼されても断り、校長から説得されても断った。

顧問を拒否した「真由子」先生に対して、ブログ上では賛否両論のコメントがうずまいた。「大変だから仕方ない」、「部活よりも授業が大切」と同情を寄せながら賛成する声があった。一方で、「部活も教師の仕事だ」、「子どもがかわいそうだ」と非難する声もあった。

顧問を拒否した「真由子」先生は、わがままなのか。『毎日新聞』の問いかけに、みなさんはどう答えるだろう。

●ネット上の教師の悲鳴

部活の顧問教師の負担は相当に重い。しかし、学校現場では、部活の負担を口に出すことははばかられる。サボっていると思われたり、意義ある教育活動をおろそかにしていると思われるからだ。

だから、教師はネットでこそ悲鳴を上げる。「真由子」先生のブログをきっかけに、部活に苦しむ若手教師たちが、ネット上で次々と叫びはじめた。「私も顧問はつらかった」、「前々から部活はおかしいと思っていた」と声を上げ、ツイッターなどを通じてつながりはじめた。

その顧問教師たちは、ウェブサイト「部活問題対策プロジェクト」を立ち上げた。ネット上でつながった教師たちが、ネットを通じて部活の問題を訴え、改善をめざそうとする運動だ。サイトを見ると、教師の部活問題として、「無賃の長時間労働の強制（健康被害、精神疾患、過労死）」、「プライベートの剥奪（家庭崩壊、部活離婚）」、「本来の仕事への支障（授業準備の時間が不足、心に余裕をもってクラスの生徒と関われないなど）」が指摘されている。

「部活問題対策プロジェクト」は、思わず吹き出してしまうようなマンガ描写を効果的に活用しながら、「部活がブラックすぎて倒れそう……教師に部活の顧問をする・しないの選択権を下さい！」と訴えて、ネット上で署名活動を始めた。３カ月ほどで集まった２万３５２２人の署名を、文部科学省に提出し、「ブラック部活」の改善を求めた。

「ブラック部活」という恐ろしい表現は、インパクトが絶大だった。従業員に過剰で違法な労働を課す「ブラック企業」さながらに、教師に過剰な負担を強いる、部活の負の側面をあぶり出したからだ。

ただし、「ブラック部活」という表現に嫌悪《けんお》感を抱く人もいる。教師がサボるための言い訳じゃないかと怪《あや》しんだり、自身の楽しかった部活経験を侮辱《ぶじょく》されていると感じたり、部活の教育的効果をきちんと評価していないと思ったりするからだ。

その気持ちは私も理解できるし、部活のすべてが「ブラック部活」だとは思わない。それは「部活問題対策プロジェクト」の教師たちも同じようだ。ウェブサイトの「設立の趣旨」には、こう書いてある。

部活の顧問？やりなさい残業代は出ないがね
校長
部活は土日もある!!!平日は日没まで!!!
超ブラックな労働の命令じゃないか!!!
「部活問題対策プロジェクト」のウェブサイトより（©眞蔵修平）

「部活問題対策プロジェクトは、部活の廃止を求めたり、部活の存在そのものや部活の意義を否定したりする団体ではありません。部活に良い面があり、意義を認めるからこそ、部活が生徒や教師などに不幸や不利益を生むものとならないよう、現在の部活の在り方に改善を求めていきます」

だから大切なことは、「ブラック部活」インパクトをきっかけに集まった世間の関心を、スキャンダラスなネタに終わらせるのではなく、顧問教師の実情に対する正しい理解へと結びつけることだ。

以下では、「ブラック部活」と表現される顧問教師の苛酷な勤務状況について、勤務時間・手当支給・災害補償の3つのトピックを、法律・実態・裁判の3つの観点から詳しく見ていきたい。

2　顧問教師の苛酷な勤務状況——勤務時間・手当支給・災害補償

●「自主的」な時間外勤務

はじめに勤務時間について、法律を見てみよう。

教師も労働者なので、勤務時間は法律で決められている（労働基準法、地方公務員法とそれにもとづいた条例）。地域によって少し違いはあるが、典型的なパターンは、8時30分から17時00分までという勤務時間だ。45分の休憩時間を除くと一日7時間45分で、週5日勤務で計38時間45分働くことになる。一般の労働者の場合、一日8時間、週40時間が限度だが、そう大きな違いではない。

ところが、一般の労働者の場合は、きちんとした手続きを踏めば、雇い主は労働者に、これを超える時間外勤務を命じてもよいことになっている。他方、教師には、原則として時間外勤務を命じることができない。

つまり、学校は教師に、残業や休日労働をさせてはいけないのだ。教育の仕事の範囲ははっきりしないので、仕事の仕方は個々の教師に任せたほうがいいし、いったん時間外勤務をオーケーとすればどんどん広がってしまいかねないからだ。ここが一般の労働者と違う。ただし、時間外勤務は原則禁止と言っても、例外的に、①校外実習、②修学旅行、③職員会議、④非常災害の4つの場合だけは認められている（公立の義務教育諸学校等の教育職員を正規の勤務時間を超えて勤務させる場合等の基準を定める政令）。

しかし、部活はこの「例外」に含まれていない。だから、先の勤務時間パターンで言えば、勤務開始時刻の8時30分以前におこなわれる部活の「朝練」や休日の部活は、認められていな

図7-1　教師の月あたりの時間外勤務

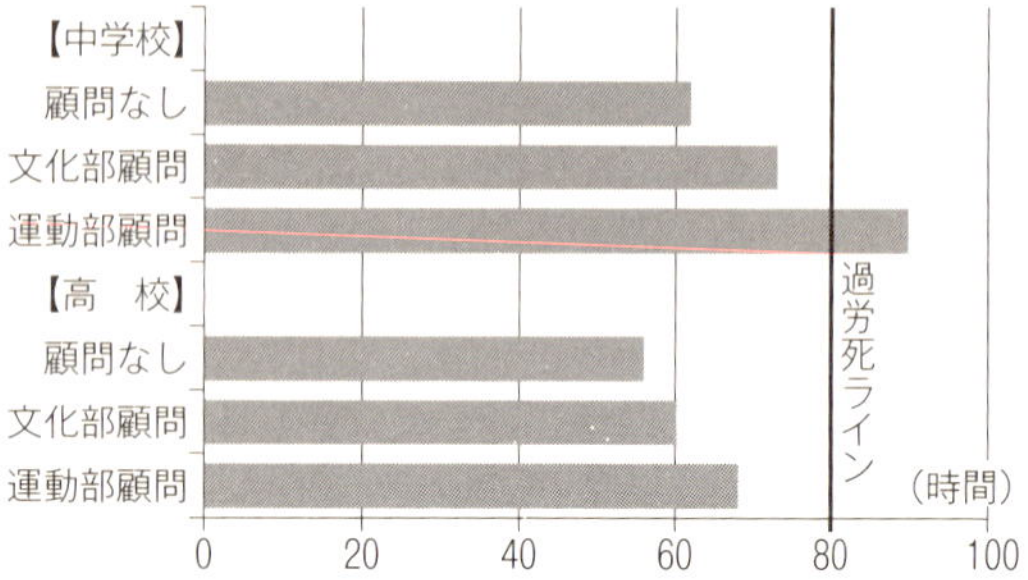

（出典）東京大学編『教員勤務実態調査（小・中学校）報告書―平成18年度文部科学省委託調査研究報告書』2007年、およびBenesse教育研究開発センター編『教員勤務実態調査（高等学校）報告書―平成18年度文部科学省委託調査研究報告書』2007年、から、中学調査の第６期：11月20日～12月17日、全日制高校調査の第３期：11月27日～12月10日の結果をもとに、月あたりの時間外勤務の状況を計算して作成。

いはずの時間外勤務になる。さらに、勤務終了時刻の17時00分以後におこなわれる放課後の部活ですら、教師の法的な勤務時間には含まれない。驚いた読者もいるかもしれないが、法律はそうなっている。

でも、多くの人が知っているように、実態は違う。教師は平日に残業をこなし、家に仕事を持ち帰り、休日も学校や家で仕事をしたりする。そうした時間外勤務の詳細が、２００６年に「教員勤務実態調査」で調べられた。その様子は季節で違いがあるが、学校行事も終わって通常の勤務状況と言える11月～12月頃の結果を、顧問なし／文化部顧問／運動部顧問に分けて見てみよう。

中学校の場合、平日・休日それぞれの一日あたりの時間外勤務は、顧問なしが平日２時間07分・休日１時間56分、文化部顧問が平日２時間21分・休日２時間39分、運動部顧問が平日２時間43分・休日３時間42分だった。高校の場合も同じように見ていくと、顧問なしが平日１時間56分・休日１時間42分、文化部顧問が平日1時間57分・休日2時間09分、運動部顧問が平日2時間08分・休日2時間37分だった。

この結果から、1カ月あたりの時間外勤務がどれくらいになるかを計算してみよう。平日5日と休日2日のサイクルで30日間働いたとする。

中学校の場合、顧問なしが61時間56分、文化部顧問が73時間04分、運動部顧問が89時間56分(!)となる。高校の場合は、顧問なしが56時間00分、文化部顧問が60時間13分、運動部顧問が68時間09分となる(図7−1)。

時間外勤務は、中学校・高校ともに顧問なしより文化部顧問で多く、運動部顧問はさらに多い。特に、中学校の運動部顧問は、なんと月平均90時間に迫っている。

厚生労働省の基準で言う「過労死ライン」の残業は月80時間だが、中学校の運動部顧問の平、均、的、な働き方は、「過労死ライン」を超えている。

さて、このように顧問教師は、実態として時間外勤務を余儀なくされている。しかし、先に見たように、それは法的には勤務時間に含まれない。そもそも教師に時間外勤務を命じることはできないはずだった。

この理不尽さを訴えて、埼玉県川口市の公立学校教師と教職員組合が、時間外勤務について裁判を起こした。2009年9月に出された東京高裁の判決は、次のようなものだった。校長は教師に時間外勤務を命じることはできない。実態としてある時間外勤務は、「教師の自主的・自発的な教育活動」だ。ただし、長時間の時間外勤務を常に余儀なくされるような勤務状況はよくない。

このように、法的には、教師の時間外勤務は、教師自身の「自主的」なものとされている。理屈はわかるが、おかしな話だ。実態として、教師は部活での時間外勤務に苦しんでいる。しかし、法律では、教師に時間外勤務を命じられない。だから裁判では、それは「自主的」に時間外勤務をしているのだ、と判断されてしまう。

●顧問教師への手当支給

次に、部活に従事した場合の手当の支給を見てみよう。

公立学校の教師の給料は、法律で決まっている（地方教育行政の組織及び運営に関する法律、地方公務員法、義務教育費国庫負担法）。ただし、教師には時間外勤務をさせないことになっているので、時間外勤務手当、いわゆる残業代がない。

代わりに、給料に4％を上乗せする教職調整額が支払われている（公立の義務教育諸学校等の教育職員の給与等に関する特別措置法）。つまり給料が4％アップ。この「4％」という数字は、1966年の「教職員勤務状況調査」で、週あたりの時間外勤務が、小学校で1時間20分、中学校で2時間30分であることが明らかになったからだ。そのぶんをあらかじめ給料に含めて支払う、という理屈になっている。

この他に、休日の部活手当がある。実際の支給の仕方は自治体が条例で定めているが、2016年度の国の基準では、休日に部活を4時間以上指導すれば3千円、試合に引率すれば4250円となっている。

こうした法体系を、実態と突き合わせてみよう。まずは教職調整額「4%」の根拠は、1966年の調査で、当時の中学校教師の週あたり時間外勤務が2時間30分だったことにあった。しかし、いまの状況はずいぶん違う。2006年の調査をもとにすると、いまの中学校教師の週あたり時間外勤務は、顧問なしでさえ14時間27分、文化部顧問は17時間03分、運動部顧問であれば20時間59分となっている。

単純に比べると、2006年時点の運動部顧問は、1966年時点の教師より、8倍以上も長く時間外勤務を強いられていることになる。であれば、4%×8倍=32%の教職調整額が支払われるべき、とも言える。

次に、4時間以上の部活指導に支給される3千円の手当だが、これは時給に換算すれば750円にすぎない。この金額は、最低賃金の全国平均798円を下回っている。さらに、4時間以上立ち会っても増えるわけではないし、平日には支給されない。さすがにまずいと思ったのか、国は、休日の部活手当を、2017年度から3600円に増やすことを決めた。

手当が不充分な中で強いられる時間外勤務は、まるで不払い労働ではないか。そう訴えて、時間外勤務手当を請求する裁判が、くり返し起きてきた。しかし、1998年9月に出された最高裁の判断は、教師に時間外勤務を命じることはできないのだから、教師に時間外勤務手当は支給しない、というものだった。それはそうだが、なんだかおかしい。この最高裁の判断が出されてからも、時間外勤務手当を請求する裁判は続いたが、いずれも認められなかった。

部活に従事する教師への金銭的報酬は少なく、「やってられるか！」と怒る教師がいるのも無理はない。

●災害補償はきちんと受けられるのか

続いて災害補償について見てみよう。こちらも万全に整備されているとは言えない。

教師は公的な職務として教育をするわけだから、その公務中の事故や病気といった災害を予防したり補償したりする法律は、もちろんある（労働安全衛生法、過労死等防止対策推進法、地方公務員災害補償法）。自治体や教育委員会は、教師の働きやすい環境を整えなくてはならないし、校長や管理職は、教師が働きすぎて病気にならないように注意を払わなくてはならない。

そうは言っても、現場の教師はしばしば働きすぎる。先ほど、2006年調査の結果から、平均的な教師の働き方を確認したが、今度はもっと具体的に、ある学校の一人ひとりの教師の働き方を見てみよう。

図7－2は、ある公立中学校での、勤務時間外の在校時間の記録をもとにつくったグラフだ

図7-2　ある公立中学校での勤務時間外の在校時間（2014年度の月平均）

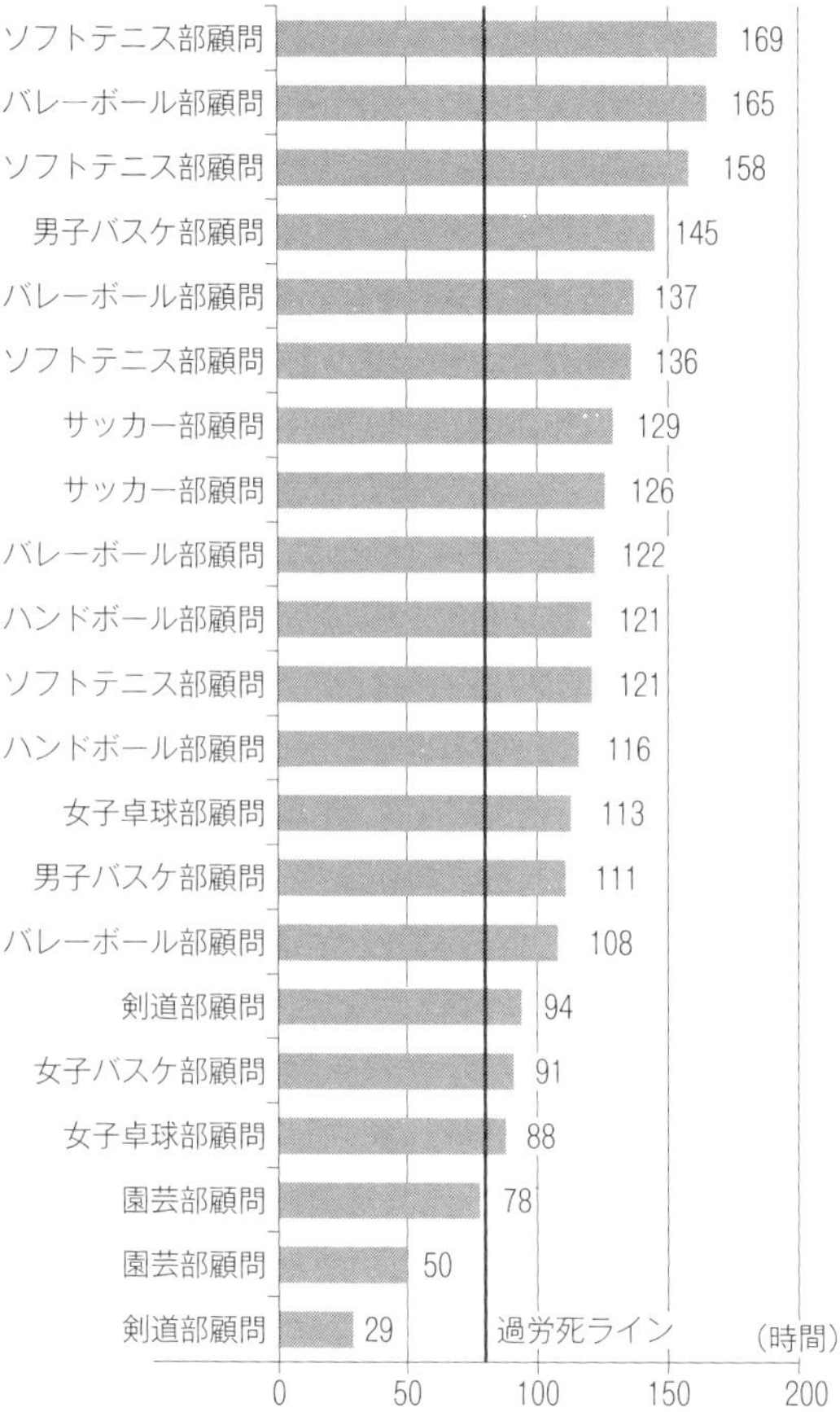

（出典）大橋基博・中村茂喜「教員の長時間労働に拍車をかける部活動顧問制度」『季刊教育法』189号、2016年、40ページ、で示されたデータより作成。

（大橋基博さんと中村茂喜さんの報告による）。ここでは部活の顧問に就いた21人の教師について、月平均の残業時間をグラフにした。

これを見ると、顧問教師21人中で18人の残業時間が、月80時間の「過労死ライン」を上回っている。最長はソフトテニス部顧問の１６９時間。過労死ラインをはるかに超えていて、生きているのが不思議という数字だ。

教師を含めて、一般に労働者が、仕事中に倒れたり死んでしまったりすれば、災害補償を申請することになる。しかし、それが労働と関連して生じた過労疾病・死だと認められて、補償が受けられるとは限らない。

厚生労働省の「過労死等の労災補償状況」で言うと、労働者全体で、２０１５年の過労疾病（脳・心臓疾患）の認定率は37・４％、過労死の認定率は39・０％だった。申請しても、半分以上は認定されなかったということだ。部活にたずさわる教師が過労で倒れた時、本当に補償してくれるかどうか、不安はぬぐえない。

災害補償に関連する裁判結果を２つ紹介しよう。

１つは、いわゆる「鳥居裁判」。愛知県の公立中学校教師・鳥居建仁さんは、授業に学校行事、それに陸上部の顧問としての部活指導、さらには陸上部の延長線上で、地域の陸上クラブの指導と、目まぐるしく過ごしていた。２００２年に鳥居先生は、過労がたたって倒れてしまい、重度障害を負った。

鳥居先生側が地方公務員災害補償基金に対して、補償を申請すると、「公務外」として却下された。そんな馬鹿な！　と争われたのが鳥居裁判だ。

鳥居先生が倒れてから13年後、2015年2月に最高裁で結審された結論は、鳥居先生の事故は公務上の災害であり補償すべき、というものだった。ホッとひと安心だ。ただし、公務と認められたのは、授業や学校行事、そして陸上部の部活指導までだった。地域の陸上クラブの指導は、実際は陸上部と一体化していたが、公務と見なされなかった。法的に判断された「部活の範囲」は、現場の顧問教師の感覚とは違うかもしれない。

もう1つは、ちょうど鳥居裁判の審議中に訴えられた、教師の時間外勤務について校長に責任があるかどうかを争った裁判だ。

鳥居先生のように、教師が時間外勤務を強いられて身体を壊してしまっても、災害補償を充分に受けられないかもしれないなんて、あんまりだ。校長には教師の労働を管理して、教師の健康を守る責任があるんじゃないのか。そう感じた京都市の公立学校教師と教職員組合が、時間外勤務についての校長の注意義務違反を訴えた。

2011年7月に出された最高裁の判断は、校長に責任はない、というものだった。時間外勤務は校長の職務命令ではなく、教師の「自主的な教育活動」だから、その管理まで注意すべき義務は校長にはない、というのだ。

法的な理屈が正しいことはわかる。しかし、どうにもやるせない。そう感じてしまうわけは、時間外勤務は本当に、教師が自ら望んでしている「自主的な教育活動」なのか、と疑問が湧いてしまうからだ。

3 教師の生活を守る

●苛酷な勤務状況の改善に向けて

顧問教師が苛酷な勤務を強いられている状況は、いまも変わっていない。

2013年にOECD（経済協力開発機構）が、世界34カ国の中学校教師がどれくらい働いているかを調べた。すると、日本は34カ国中で最も勤務時間が長かった。OECD平均の週38・3時間に対して、日本は週53・9時間だった。

内訳を見ると、部活に費やす時間が長い。課外活動（スポーツ／文化）に費やす週あたりの時間が、OECD平均の2・1時間に対して、日本は7・7時間と、3倍以上だった。

運動部活動の顧問教師について、2014年に日本体育協会が調査した。すると、運動部活動顧問教師のうち、「担当教科が保健体育ではない」かつ「現在担当している部活動の競技経験なし」の教師の割合、つまりいわゆる「未経験者」の割合は、中学校で45・9％、高校で40・9％だった。運動部活動の顧問教師の半分近くは、スポーツの知識や経験がない中で、肉体的・精神的に負担を抱えながら部活に従事している。

こうした状況を、どう改善していくか。日本体育協会と国の動きを注意深く見てみよう。

日本体育協会は、部活の顧問は半分近くが未経験者という調査結果を受けて、教師たちに、スポーツ指導の講習会に参加してスポーツ指導の資格を取りましょう、と呼びかけた。部活をスポーツ問題と見立てて、そのスポーツ問題をスポーツの論理で解決しようとした。

それに対して、中体連や高体連など、部活を統括する教育団体は反論した。顧問はスポーツとしてではなく、教育として部活をしている。ただでさえ様々な教育的課題を背負って忙しい教師に、さらに講習を受けてスポーツ資格を取れなどと、無謀《むぼう》なことを言わないでほしいと。

運動部活動は、スポーツであると同時に教育でもある。だから、運動部活動を改善するためには、教育の論理を忘れてはならない。

次に、国の動きはどうか。2016年3月の参議院文教科学委員会で、部活のあり方、顧問教師が抱える負担が審議され、馳浩《はせひろし》文部科学大臣（当時）は、「見直しの必要性はある」と答弁した。

文部科学省は、4月に学校現場の「業務の適正化」をめざす専門チームを立ち上げ、6月にその検討結果を報告した。そこでは、「部活動の負担を大胆に軽減する」と打ち出されて、「休養日の設定」、「ガイドラインの策定」、「部活動指導員（仮称）の制度化」などが示された。

しかし、実現の見通しは不透明だ。休養日やガイドラインで言うと、たとえば1997年の中学生・高校生のスポーツ活動に関する調査研究協力者会議でも「中学校の部活は週2日休もう、高校の部活は週1日休もう」と提言されたが、現場に浸透《しんとう》しなかった。なぜなら部活は、「自主的な課外活動」であるため、外部からの規制が及びにくいからだ。

また、顧問教師とは別に、新しく部活動指導員を設ける案は、これまでの外部指導員とは違って、法的に認められた学校職員として新設しようというものだ。教育の論理で部活を立て直そうとするアイディアはいいのだが、人材と財源の確保は前途多難だ。

●部活を支える教師を支える

日本体育協会や国の動きにあまり期待できないとしても、顧問教師の苛酷な勤務状況は、早急に改善しなければならない。どうすればいいか。考えるべきポイントを4つ指摘したい。

①部活の規模の見直し

1つめは、いまの部活の規模を、前提にしないことだ。いまの部活は、歴史的に見ても国際的に見ても、特異なほど肥大化している。生徒の加入率や活動日数が、かつてないほど膨《ふく》らんでいる。だから、いろいろと無理がかかり、一番のしわ寄せが顧問教師に来ている。

いまの部活の規模を、そのまま維持することは、人材的にも金銭的にも、コストがかかりすぎる。大切な部活をこれからも残そうとするならば、すなわち部活の持続可能性を重視するならば、どう考えてもいまの規模が適切だとは思えない。

②労働の論理

そのうえで、2つめに、先にふれたスポーツの論理と教育の論理に加えて、新しく労働の論理を入れることだ。教師は仕事として部活にたずさわるのだから、勤務時間・手当支給・災害補償は充分に整備されなくてはならない。これは当たり前の話だ。

ただし、顧問教師の労働条件を上げようと提案すれば、お金はどうする、と反論が出てくる。だからこうした提案は、部活の規模縮小とセットにならざるをえない。仮に部活手当をいまの5倍にすれば、自治体や教育委員会や校長は、予算上の制約から、部活を沈静化するように誘導される。

部活の規模縮小と言っても、それは平均的な活動日数や活動時間が減るという話で、部活をしたい教師が思い切り部活に熱中することの邪魔になるとは限らない。お金や勤務条件を気にせず、本当に「自主的」に部活を生きがいにする教師もいていいし、部活の枠を飛び出て地域クラブをつくってもいい（民法上の私的自治の自由）。

顧問教師の労働条件を上げようという提案は、「ブラック部活」に苦しむ教師のためであることはもちろんだが、部活の持続可能性にとっても不可欠なものだ。だから、部活に燃える教師や、部活が好きな一般人からも、幅広く合意が得られるのではないか。「ブラック部活」なんて不名誉なレッテルを貼られることは、部活を愛する人ほど避けたいはずだから。

③職員会議の活用

3つめに、職員会議を活用することを考えてよいかもしれない。手当増額などの政策を待つのではなく、現場でローカルに打開策を探る道だ。職員会議がほとんど機能しなくなった学校もあるが、やはり話し合いの場は大切だ。

部活の顧問は、校務分掌にもとづく、包括的な職務命令として理解されている。だから、職務命令が有効になる勤務時間中に限って言えば、基本的に教師は顧問を拒否できない。しかし、その顧問に就くことで教師は、本来は認められないはずの時間外勤務を、事実上、避けられなくなっている。だから部活問題は、教師の教育労働全体を抜本的に変える法改正が必要なくらいの大問題にもつながる。具体的には、「公立の義務教育諸学校等の教育職員を正規の勤務時間を超えて勤務させる場合等の基準を定める政令」および「公立の義務教育諸学校等の教育職員の給与等に関する特別措置法」の改正が論点になるはずだ。

しかし他方で、その職務命令の出し方や、校務分掌の組み方によっては、各学校でローカルに部活問題を解消できる可能性はある。部活の数を抑制したり、ノー部活デーを設けたり、顧問を複数制やローテーション制にしたり。それを話し合う場が、本来の職員会議のはずだ。

そもそも部活は、法律や制度によって成立しているわけではなく、現場の慣習によって成立していた。であれば、部活問題とは、慣習の問題であり、その解決のためには慣習の変化こそが実効性を持つ。多くの教師は、いまさら職員会議かよ、と白けるかもしれないが、いまは名ばかりとなった職員会議で、ホンネを語ることから始めてはどうだろうか。

④生徒の気持ち

4つめに、生徒の気持ちへの向き合い方だ。顧問教師が大変だから部活を縮小しよう、と言うと、生徒がかわいそうじゃないか、という反論が必ず出てくる。

部活をしたい生徒はいるし、上手くなりたい、勝ちたい、と部活に燃える生徒はいる。そんな生徒の気持ちに優しく寄り添う教師ほど、部活に付き合ってあげたいと思い、あげくの果てに、部活に振り回されて悲鳴を上げることになる。

では、どう考えればいいか。思考実験として、部活に燃える生徒の気持ちを、少し冷めた目で見直してみよう。すると、それは部活をしたいという欲望にすぎない、とも言える。

私は、その欲望が悪いと言っているのではない。部活をしたい生徒の存在を、客観的にとことん突き放して見てみれば、そこにあるのは単なる欲望だ、ということだ。

問題はその先にある。すなわち、その欲望はどうして実現できたのか、という問題だ。大人であろうが子どもであろうが、自分の欲望を自分で満たすぶんには、誰も文句は言えない。しかし、自分の欲望を満たすために、周りが助けてくれるなら感謝すべきだし、周りが犠牲になっているとしたら問題だ。

私が、授業や講演などで、部活にどっぷり浸《つ》かってきた高校生や大学生を相手に、「君たちを支えていた顧問教師は、実はとっても大変だったんだよ」と話をすると、部活に燃えていた高校生や大学生から、興味深い反応が返ってくる。「いままでぜんぜん知らなかった。僕がここでスポーツを楽しんでいる裏で、先生のそんな苦労があったなんて。先生にありがとうって言わなきゃ」といったふうに。

いまの部活の問題のひとつは、生徒自身に、部活ができることへの感謝や、自分の欲望を満たすことへの責任を、感じさせないまま、気づかせないままにしていることだ。したい部活ができるのは、教師の支えがあるからこそ、という事実を、生徒にきちんと教える必要がある。思い切って、「生徒よ、己の分を知れ」と言ってみれば、過剰なほどの生徒の気持ち＝欲望は、いくらか冷めてくるんじゃないだろうか。部活を支える教師がいなければ、したい部活もできないのだから。

部活を支えているのは教師だ。教師がいないと部活は成り立たない。だから、部活を支える教師を支えなければならないのだ。

●部活で守るべき2つのライフ（Life）——子どもの生命と教師の生活

前章と本章で見てきた、部活の重要課題をまとめておこう。

第1の課題は、生徒の生命を守ることだ。まず、何をおいても取り組む必要がある喫緊《きっきん》の課題は、部活での死亡事故をなくし、体罰・暴力もなくし、生徒の生命を守ることだ。部活は安心・安全でなければならない。

そのうえで、第2の課題は、教師の生活を守ることだ。苛酷な勤務を余儀なくされ、部活の犠牲になっている教師の、労働環境を改善する必要がある。教師の生活を守らなければ、部活そのものも成り立たなくなってしまう。部活を支える教師を支えなければならない。

確かに部活には、これら以外にも、学業・生活との両立、過熱化や勝利至上主義、指導者・指導力の不足、制度的なあいまいさ、東京オリンピック・パラリンピックへの向き合い方など、たくさんの課題がある。しかし、すべてを一挙に解決することはできない。だったらシビアに優先順位をつけて、重要な課題から手をつけるべきだ。その中で、早急に解決すべき部活の重要課題は、生徒の生命と教師の生活という、２つのライフ（Ｌｉｆｅ）を守ることだ。

●

部活のネガティブな面ばかりを強調してしまったかもしれない。部活の重要課題を考えることが、部活のこれからを考えるための第一歩として、ぜひとも必要だと思うからだ。

このような部活の課題や負の部分ばかりを見ていると、「もういいや、部活なんて、なくしましょうよ」と言いたくもなってくる。しかし、本書はそうした主張はしないし、部活を完全否定はしない。

その理由は、とてもシンプルだ。部活をしたい生徒がいるからだ。

部活は、生徒の「自主的」な活動なのだから、部活をしたい生徒がいるかぎり、部活はなくならない。部活の数や種類や規模や、その他の具体的内容が変わることはあっても、部活そのものが、丸っきりなくなることはない。

部活を楽しみにする生徒、上手くなりたくて努力を重ねる生徒、勝利して歓喜する生徒は、これまでもたくさんいたし、これからも必ず出てくる。部活には、生徒がしたいことをできるという、ポジティブな面もあることを忘れてはいけない。

だから、部活の未来は、生徒が部活に何を思うのか、部活にどう向き合っているのかを考えながらデザインされなくてはならない。次章では、部活を語る生徒の声を聞きながら、生徒目線で部活を見直してみたい。

部活と勉強の両立

部活に燃える生徒にとって、部活と学業の両立は悩みの種だ。

保護者も、部活に励むわが子の姿はうれしいが、勉強は大丈夫なのかと気にかかる。塾講師は、体力づくりや生活のメリハリのために運動部がいいねと言いつつ、いつでも休める軽い感じが適当でしょうと、卓球部を勧めたりする。

さて、本当のところ、部活と勉強は両立できるのだろうか。藤田武志さんの研究を紹介しよう（詳しくは、西島央編著『部活動』学事出版、２００６年、84～98ページ）。

中学生の勉強時間を、部活に加入しているかどうかで比較した。すると、部活加入者の勉強時間は平均40・３分で、部活非加入者も平均40・３分だった。意外なことに、勉強時間は全く同じだった。

部活への取り組み方の違いでさらに細かく見ると、部活に力を入れている中学生の勉強時間は、平均42・５分だった。対して、部活に力を入れていない中学生は、平均36・１分だった。予想に反して、部活に力を入れているほど、勉強時間も長い。

他方で、部活非加入者は、部活加入者に比べて、外でぶらぶらする時間やテレビを見る時間が長かった。

こうして見ると、部活と勉強は両立できる、と言うことができる。生徒は、部活に入ることで、時間の使い方を工夫したり、学校生活に前向きになったりして、勉強もがんばろうとする。

ただし、この結果は、あくまで平均的な結果であることに注意しなければならない。一部のスポーツ強豪校では、本当に部活だけしかしない生徒がいる。

当たり前の話だが、部活に入れば自動的に勉強もするようになるわけではない。部活と勉強は両立できると言っても、肝心なのは、そのようにがんばろうとする心構えだ。

COLUMN

部活落語に笑う

部活問題を扱ったラジオ番組に出演した時のこと。真面目な私の解説時間が終わった後、落語家の立川吉笑さんが出演されて、部活をネタにした即興落語を披露してくれた。さすがプロの落語家、話がうまい。

お題は「熱血体育会系の帰宅部」。

とある学校に、正式に部活として活動している「帰宅部」があった。ある日、新米教師が、その「帰宅部」の顧問に就くことになった。野球の経験はないから野球部の顧問は無理だけど、帰宅は毎日しているから、という理由で。

しかし、先輩教師には、「そんな草野球みたいな草帰宅くらいで、『帰宅経験者』を語るな」と怒られた。どういうことかと「帰宅部」の活動を見てみると、熱血体育会系ぶりに驚いた。ドアノブをひたすら回しつづける部員、「ただいまー！　ただいまー！」と声を張り上げる部員。素早く元気に力強く帰宅するために、部員は燃えていた。

「帰宅部」にも大会があるから負けられない。優勝をねらえる帰宅タイムを出すために、学校の近くに家がある生徒を勧誘した。ああ、しかし、引っ越してしまって残念無念。

部員たちは、大会前になると、部室に泊まり込む。あえて帰宅しないことで、帰宅したい気持ちを高めるためだ。その部室には、宇宙飛行士・若田光一さんの写真が飾られている。宇宙から帰宅した若田さんは、「帰宅部」の神様だから。

オチは、２０２０年東京オリンピックに、「帰宅部」の部員が出場することになった。ロンドンやリオデジャネイロは帰宅するには遠すぎるが、東京ならば、金メダルのチャンス。がんばれ「帰宅部」、めざせ帰宅の世界一！

え？　やかましいから、もう帰れ？　それじゃあ、帰宅いたします。お後がよろしいようで。

COLUMN

部活研究の図書紹介

専門家が書いた部活研究の図書を紹介しよう。

運動部活動については、体育・スポーツ研究者が書いた図書がいろいろある。最近だと、『運動部活動の理論と実践』（友添秀則編著、大修館書店、2016年）が、最新のスポーツ科学の知見を活かして、部活を多方面から検討した。『運動部活動の教育学入門——歴史とのダイアローグ』（神谷拓、大修館書店、2015年）には、多くの歴史資料が収められている。

古いところだと、『クラブ活動入門——スポーツの変革とクラブの創造』（中村敏雄、高校生文化研究会、1979年）、『必携スポーツ部活動ハンドブック』（森川貞夫・遠藤節昭編、大修館書店、1989年）、『スポーツ部活はいま』（城丸章夫・水内宏編、青木書店、1991年）、『部活動改革——生徒主体への道』（内海和雄、不昧堂出版、1998年）、『けが・故障を防ぐ　部活指導の新視点』（武藤芳照・太田美穂編、ぎょうせい、1999年）、『高校部活の文化社会学的研究——「身体資本と社会移動」研究序説』（甲斐健人、南窓社、2000年）など。

教育研究者が書いた図書だと、『スポーツ「部活」』（今橋盛勝ほか編著、草土文化、1987年）は、いち早く、生徒や教師を苦しませる部活の問題点を告発した。『部活動——その現状とこれからのあり方』（西島央編著、学事出版、2006年）は、部活の実態を調査したデータがたくさん載っている。

『柔道事故』（内田良、河出書房新社、2013年）は、最も読んでほしい図書だ。内田さんの近著『教育という病——子どもと先生を苦しめる「教育リスク」』（光文社、2015年）も、あわせてどうぞ。

おっと、忘れるところだった。拙著『運動部活動の戦後と現在——なぜスポーツは学校教育に結び付けられるのか』（青弓社、2014年）も、ぜひご笑覧くださいませ。

第8章

生徒は部活にどう向き合っているか

部活の当事者である生徒は、
どんなふうに部活に向き合っているのか。
本章では、新聞に寄せられる投書を取り上げて、
部活の理想や現実を語る生徒の声に耳を傾けてみる。
生徒目線で部活を見直してみよう。

1　部活を語る生徒の投書

●新聞に寄せられる生徒の投書

新聞をめくると、読者からの投書が掲載されているページがある。いろいろな年齢、職業、地域、立場の読者が、日常生活や社会問題、特定のテーマについて、自分の意見や体験を語るページだ。

この投書のページには、部活を語る生徒の声もある。たとえば、『朝日新聞』２００４年9月16日付では、「クラブ活動の思い出」というテーマで特集が組まれた。そこに寄せられた投書のタイトルを見ると、「ソフトテニス　生活そのもの」（ソフトテニス部）、「英語上達願い　練習奮闘」（演劇部）、「優しい先生が支えてくれた」（バレーボール部）、「試合出られぬ後悔　今支える」（剣道部）、「けがでやめた野球に後悔も」（野球部）、と生徒は様々に部活を語っている。

投書は、アンケートと違って、決められた質問に対して回答を選択するようなものではない。自分の言葉で、自分の意見や体験が自由に語られる。生徒の投書では、生徒自身が部活にどう向き合っているかが、率直に語られている。

生徒は部活の当事者なのだから、生徒自身の声を聞かないで、部活の未来は考えられない。本章では、新聞の投書を取り上げて、生徒の声に耳を傾けてみよう。

●生徒目線で見た部活

はじめに準備として、『朝日新聞』のデータベースを使って、「部活」、「運動部」、「文化部」、「クラブ」といったキーワードで、投書記事を検索して整理した。すると、1986年1月1日から2015年12月31日までの30年間で、部活を語った投書記事を約2500件集めることができた。

そこには、生徒の声だけでなく、保護者の声、教師の声、教師の家族の声、一般人の声などがあった。たとえば、一般人が「部活は懐かしい良い思い出だ」と学生時代をふり返っているかたわらで、現場の声は生々しい。保護者が「部活の顧問にやる気がない」と憤《いきどお》れば、教師が「負担が大きいことを理解して」と反論する。そんな教師が「部活を地域に移行しよう」と提案すれば、別の教師が「部活は教育に必要だ」と言い返す。他方で教師の家族、特に夫が部活顧問である妻は、「夫は部活ばかりで家族の時間がない！」と不平を漏らす。それぞれの立場で、部活は様々に語られる。

では、生徒は部活にどんなふうに向き合っているのか。以下では、部活を語る生徒の投書を、

3つの観点から詳しく読んでいくことにしよう。

1つめは、部活のおもしろさやすばらしさを語った投書を読んでみる。生徒は部活にどんな魅力を感じていて、何をめざしているのか。生徒目線で見た部活の理想に迫ってみよう。

2つめは、必ずしも理想どおりにはいかない部活の現実を語った生徒の投書を読んでみる。理想とは違った現実に、生徒はどう向き合っているのか。それでも部活を続ける生徒は、何を思うのか。生徒目線で見た部活の現実に迫ってみたい。

3つめに、現実を変えようとする実践として、自分たちで部活をつくったという体験談を語った生徒の投書を読んでみる。生徒は厳しい現実に打ちのめされるばかりではなく、現実を変えていく可能性も持っている。入りたい部活がないならば、新しく部活をつくればいいじゃないか。そう力強く語る生徒の声を聞いてみよう。

2 嗚《あ》呼《あ》、すばらしき部活

●めざせ「努力・友情・勝利」

ではさっそく1つめに、部活のおもしろさやすばらしさを語った投書を読んでみよう。生徒の投書を見渡してみると、そうした投書は多い。部活に燃える生徒たちは、部活にどんな魅力を感じて、何をめざしているのだろう。

以下で紹介するのは、弓道に夢中になった女子高校生、バスケがしたい男子高校生、ホッケーに熱中した男子高校生の投書だ。少し内容を先取りすると、これらの投書では、部活のすばらしさとして、「努力・友情・勝利」が挙げられていた。それはマンガ雑誌『週刊少年ジャンプ』の感動キーワードだ。生徒は、まるで部活マンガのような感動を、部活に求めている。

実際の生徒の語りを読んでみよう。まずは弓道部の女子高校生の投書だ。

弓道を通して「成長」したい（女子高校生、16歳、愛知県、2007年7月29日）

私が今、夢中になっていることは弓道だ。……いつも同じように射るためには努力が必要なのだ。これは人生と同じなのではないか、と思う。人が輝くには努力が大切だと思うし、たくさんの苦難だってある。でも、その苦難を乗り越えたときには、「成長」という最高のプレゼントが待っている。私は弓道を通して、自分自身が成長できるといいなと思っている。そのためには毎日の努力を続けていきたい。

この生徒は、弓道に夢中になって、上手くなるために「努力」している。「努力」して、「苦難」を乗り越えて、「成長」したいと語っている。「努力」があるから、部活はすばらしい、ということだ。

続いて、バスケ部の男子高校生の投書を読んでみよう。

バスケ部に戻り仲間たちに感謝（男子高校生、16歳、山梨県、2012年1月18日）

昨年は、後悔が多い年だった。高校生になり、バスケットボール部に入部した。しかし、2カ月くらいでやめてしまった。帰宅時間が早くなり、いろいろと考え、もう一度バスケがしたいと思った。一度やめた自分が戻ったら、仲間たちは受け入れてくれるだろうかと毎日のように悩んだ。やめたことを後悔した。ある日、部活の仲間が「またバスケやろう」と誘ってくれた。表には出さなかったがうれしかった。仲間は、何事もなかったかのように自分を受け入れてくれた。申し訳ない気持ちでいっぱいだった。だから、今年は後悔しない年にしたい。自分を受け入れてくれた仲間に感謝し、部に戻ったからには、たくさん活躍して試合に勝ちたい。

この生徒は、いったんバスケ部をやめてしまったが、もう一度バスケがしたいと悩んだ末、部に復帰した。部活の仲間は自分を受け入れてくれたので、うれしかったと語っている。

まるで、第3章でふれたバスケ部マンガ『SLAM DUNK』の三井のような、仲間との友情に救われた、心温まるエピソードだ。「友情」があるから、部活はすばらしい。

さて、努力・友情と来れば、次は「勝利」。3つのキーワードが揃った、ホッケー部の男子高校生の投書を読んでみよう。

ホッケー一筋、夢の優勝実現（男子高校生、18歳、岐阜県、2000年12月23日）

僕はホッケー部に入っている。高校生活はこのホッケーという部活動だけのようにさえ感じていた。勉強と部活を両立させなければならないのは分かっていたが、ホッケーに熱中した。みんなで一つの目標に向かって努力し、練習するのが楽しくて仕方がなかったからだ。……周りの人間がライバルとなり、目標ともなって、自分の力を鍛えた。こんなに楽しいことはほかにはなかった。困難があっても、みんなが力を合わせ、乗り越えてきた。その結果、とうとう「二〇〇〇年岐阜総体全国優勝」という僕たちの夢を自らの手で実現した。仲間たちみんなで泣き、笑った。

この生徒は、ホッケーに熱中して、大好きな仲間と努力して、なんと全国優勝の夢も果たしたという。「努力・友情・勝利」のすべてが揃って、まさに部活最高！　と万歳したくなるような投書だ。

部活に夢中になって熱中して、マンガのように努力・友情・勝利をめざす。そうした理想を実現できた時、嗚呼やっぱり部活はすばらしい、と生徒は語る。

●人生を変えた部活

さて、部活マンガとリアルな部活のつながりというと、もうひとつ。『ROOKIES』などで描かれた「不良×部活＝感動」というメディア戦略を思い返してほしい。これもまた、実際の部活にも現れてくる。

マンガが大げさに表現するほど極悪非道な不良ではないが、「良い子」とも言えない、バレー部の男子高校生の投書を読んでみよう。

バレー部で人生が変わった（男子高校生、17歳、大阪府、2011年7月2日）

私は中学生の頃、野球部に入っていたが、さぼってばかりだった。そしてその野球部の練習をさぼって友人と買い食いしているときに、今のバレー部顧問の先生に見つかってしまった。それ以来、その先生から目をかけられ、中学を卒業すると同時に「バレー部に入らないか」と誘われた。……夏休みの合宿ではみっちりしごかれ、「こんなクラブやめてやる」と幾度となく思った。しかしなぜかさぼらず練習に行った。そして中学時代は考えられなかったレギュラーの座を獲得した。また信頼できるクラブの仲間もできた。3年になり、6月に引退を迎えた。バレー部で人生が変わった。私の人生を変えてくれた先生とバレーボール、そして信頼できる仲間たち、ありがとう。

この生徒は、かつて入っていた野球部ではサボりがちで、おそらく校則で禁止の「買い食い」をしていた時、バレー部の顧問教師に見つかってしまった。それをきっかけに、その教師に目をかけられて、バレー部に入部した。しごかれて嫌にもなったが、サボらず続けていると、レギュラーになることができた。仲間もできて、「バレー部で人生が変わった」とまで語る。こうした更生物語もまた、部活をすばらしく彩《いろど》ってくれる。

しかし、当然ながら、現実の部活は、必ずしも理想どおりにはいかない。努力・友情・勝利をめざそうとしても、努力することは大変だし、仲間とケンカすることもあるし、試合に負けることもある。どうにも思いどおりにならない自分自身に、苛立《いらだ》つこともある。読者のみなさんの中にも、現実はそんなに甘くないよ、と疑う方もいるだろう。

では、厳しい現実に、生徒はどんなふうに向き合っているのだろう。

3　現実に向き合う、自分に向き合う

●理想と現実は違うけれど

2つめに、理想とは違った部活の現実を語った生徒の投書を読んでみよう。上手になりたい、大会で勝ちたいと願っても、現実はそう簡単にはいかない。そんな時、生徒は何を思うのだろうか。

吹奏楽部の男子高校生は、コンクールで勝てなかったし、あんまり努力もしていなかった、と次のように語る。

部活で知った、努力する意味（男子高校生、15歳、神奈川県、2005年9月11日）

僕は学校で吹奏楽部に入っている。この夏、吹奏楽のコンクールに出たが、僕の学校は地区大会を突破できなかった。結果が出た時、僕は正直あまり悔しくなかった。……この

時、なぜ自分は悔しくなかったのだろう、と思った。考えてみて分かったのは、結局自分は努力をしていなかった、ということだ。そう思った時、初めて悔しくなった。「あの時、もっと練習すればよかった」との思いが今になって次から次へとわいてきた。練習の時、自分に妥協してしまい、それを繰り返していた。「後悔先に立たず」という言葉がある。無念な結果が出てからでは遅い。その前にいかに自分に甘えず、悪循環を断ち切り、最後まで努力するのが大切なのだ、ということを、この夏知った。

吹奏楽部でコンクールを突破できなかった彼は、はじめは悔しくなかったようだ。しかし、なぜ自分は悔しくないのかと省《かえり》みると、努力不足だったことや、自分に妥協していたことに思いが至って、だんだんと悔しくなってきた。そして、悔しいからこそ、その悔しさをバネにして、これからは後悔しないために、「自分に甘えず」、「努力するのが大切なのだ」と考えを改めたという。

この生徒は、現実が理想どおりにいかなかったが、そうなってしまった理由や原因を自問し反省して、その失敗を次に活かそうと考えた。それはもちろん望ましいことだ。

ただ、どうしてそんなにポジティブに考えることができたのか。現実が理想どおりにいかない時、生徒は、部活なんてつまらない、もう部活なんてやめてやる、と考えないのだろうか。

部活の現実に向き合う生徒の思考回路を、もう少し詳しく見てみよう。

次の投書では、バレーボール部の女子中学生が、部活はつらいと語っているが……。

> 苦しくたって夢をこの手で（女子中学生、13歳、香川県、2003年7月23日）
>
> 私は今、全日本のバレーボールチームに入りたいと思っています。部活はバレー部に入っていて、キャプテンをしています。とてもつらく、泣きたい、くやしいと思ったこともあります。……何度もくじけて、バレーをやめたいと思いました。でも、大好きだから、やめられませんでした。今、ふり返ると、つらいことばかりではなく、続けてよかったと思います。

彼女は、バレーボール部でつらいことや、泣きたいことがあったという。しかし、部活をやめなかった。なぜなら、バレーボールの日本代表選手になりたいという夢があったからであり、バレーボールが「大好きだから」。だから、ちょっとくらい理想と現実が違っても、やっぱり部活をしたいと思う。

生徒は、「部活をしたい」という気持ちを持ちつづけるかぎり、現実から逃げずに向き合おうとする。逆に言うと、厳しい現実に直面した時、生徒は自分自身に、「それでも私は部活を続けたいのか？」と問いかける。

部活の現実に向き合う時、それは同時に、自分の本当の気持ちに向き合う時でもあるのだ。

●欲望・反省・感謝

部活で自分に向き合った生徒の投書を、さらに読み込んでみよう。

次に紹介する投書は、以前に「部活はゆとりがなく、子どもは忙しくて疲れていて、かわいそうだ」と語った大人の投書に対する返信として書かれたものだ。

部活はとても充実（女子中学生、14歳、岡山県、1992年9月7日）

「ゆとりない部活動」の方へ。私は運動部の部活に入っています。この夏休み、ほとんど毎日参加しました。部活も含めた学校生活はゆとりのないものではなく、とても充実しています。「肉体的疲労をためて」とありますが、それは本人が自分でコントロールできるはず。行きたくなければ行く必要はないはずです。私はその運動に強くなりたいから、毎日練習を続けている。楽しいし、大好きです。そんな生活は、ゆとりのないものでしょうか。

この生徒は、大人は子どもの気持ちがわかっていない、と反論する。部活は「行きたくなければ行く必要はない」もの。生徒は、好きだから部活をしているのだと。

確かに、必要だから出なければならない授業とは違って、少なくともタテマエとしては、部活は生徒自身がしたいからする「自主的」な活動だ。部活の出発点には、「部活をしたい」という生徒の気持ちがある。

その気持ちは、突き放して言えば、生徒の欲望だ。楽器を演奏したいから吹奏楽部に入り、バレーボールをしたいからバレーボール部に入る。生徒は、自分の欲望を満たそうと部活に入り、部活を続ける。欲望と言うと、良くないイメージがあるかもしれないが、別に悪いことじゃない。人間は誰だって、何かをしたいという欲望をもって、生きているのだから。

しかし、自分の欲望が常に満たされるわけではないし、時には周りに自分の欲望を押しつけてしまうこともある。そうなってしまうと良くない。少林寺拳法部について語った女子高校生の投書を読んでみよう。

部活での絆を大切にしたい（女子高校生、18歳、愛知県、2001年1月13日）

私は高校生活の三年間、少林寺拳法部にいました。入部した理由は以前から少林寺をやっていたからです。……今にして思うと、自分だけがほかの一年生より少林寺が出来ることを鼻にかけていた気がします。しかし、少林寺の練習を重ねていくうちに、自分のそういったマイナス面に気がついて反省することが出来ました。……自分のエゴを押し付けていないだろうか。出しゃばりすぎていないだろうか。そんなことを思うと、周りの目が気になったりもしました。でも、みんなは全然そんなふうに思わず、広い優しい心で私を受け入れてくれました。自分の器の小さいことを反省しました。

彼女は、少林寺拳法が得意なことを「鼻にかけていた」と反省して、周りに「自分のエゴを押し付けていないだろうか」と気になりだしたという。自分のふるまいや態度について冷静に反省することができるようになり、ちょっぴり成長したようだ。

「部活をしたい」という自分の欲望が強すぎると、周りに迷惑をかけてしまったり、部活それ自体が成り立たなくなってしまったりする。欲望を満たすためには、欲望を我慢したり反省したりすることも大切になる。

続いて、野球部の男子高校生の投書を読んでみよう。

支えてくれた親や仲間に感謝（男子高校生、18歳、岐阜県、2011年3月5日）

高校生活の中で、たくさんの人たちに支えられた。実感したのは部活動です。両親は小さい頃から野球をやらせてくれました。そして必要な道具は、当たり前のように買ってくれました。遠征で朝早いときは、私より早く起きて弁当を作ってくれました。それらを当たり前と考えず、感謝しなければいけないと思います。普段はうるさいことを言いますがしっかり支えてもらいました。感謝の気持ちを忘れることはありません。野球の練習はつらく、何度も辞めたいと思いました。でも最後までやれたのは、チームメートに支えられて切り抜けられたからだと思います。これもみんなに感謝しなければならないと思います。

この生徒は、好きな野球を楽しんだ高校生活をふり返って、両親が道具を買ってくれたり、弁当をつくってくれたり、自分を支えてくれたと感謝している。また、つらいことを切り抜けられたのは、チームメイトが支えてくれたからだと感謝している。

自分が野球をしたいと思っても、周りの支えがなければ、できなかったかもしれない。したい野球ができたことは、当たり前じゃなかったんだ。そう考えたこの生徒は、「みんなに感謝しなければならない」と思うに至った。

生徒が「部活をしたい」という欲望を抱いたとしても、すんなり実現できるとは限らない。現実は厳しいし、生徒はまだまだ未熟で、力不足だからだ。すると生徒は、したいことをするのは大変なんだなぁ、と気づく。それに気づくと、したいことができることは、実はとても恵まれていることにも気づく。
そうして初めて生徒は、自分の欲望が実現できた幸せを、それを実現してくれた周りのサポートへの感謝とともに、感じることができる。

4　部活をつくった体験談

●「部活がない？」ならば「部活をつくる！」

3つめに、自分たちで部活をつくったという体験談を語った生徒の投書を読んでみよう。コラムで紹介した部活マンガ『ハリスの旋風《かぜ》』で描かれたような、部活をつくる実践が、リアルな部活にもある。と言っても、それはそれで大変なことだ。普通は、したい部活が学校にないと、がっくりと落胆してしまう。まずは、男子中学生の投書を読んでほしい。

バスケ部なく、残念な中学校（男子中学生、12歳、埼玉県、2003年4月19日）
ぼくが今年入学した中学校にはバスケット部がありません。近くの中学にはあるのに学区が違うので入学できませんでした。しかたがないので、今は小学生のチームに入れてもらって土日だけ練習しています。どうしてバスケット部がないのか先生に聞いたら「何年か前まであったけど色々な事情でなくなったの。他の部活でがんばって」と言われました。サッカーや野球は、中学校の他にもクラブチームがあります。でも、バスケットは他に中学生がやれる所がありません。それに、住んでいる場所によって好きな部活に入れる子と入れない子がいるのも不公平だと思います。……ぼくもバスケット部があったら中学校生活がもっともっと楽しくなるのにと思いました。

この生徒は、バスケがしたいと思ったが、学校にバスケ部がないため、バスケができなかった。もしバスケ部があれば「中学校生活がもっともっと楽しくなるのに」と語っている。残念な話だ。

生徒はまだまだ子どもだから、したいことを実現するには、力が及ばないこともある。しかし、もしそこに教師の支援がうまく組み合わさったら、どうだろう。次に、教師の一声をきっかけに、バスケ部をつくった女子高校生の投書を読んでみよう。

バスケ部創部　仲間と出会う（女子高校生、高知県、２００４年9月16日）

「女子バスケ部作るか?」。先生の一言ですべてが始まりました。最初、一から作ることが大変だとは思っていませんでした。何もできずに終わった一年目。悔しさともどかしさだけでした。でも、今は違います。試合も出来ました。つらいことがたくさんありましたが、それ以上にみんなで笑えたと思います。私は本当に最高の仲間に会えたと思っていま す。バスケ部のみんなと一緒に過ごせたことすべてが、私の一番の思い出です。

この生徒の学校には、女子バスケ部がなかった。しかし、教師が「女子バスケ部作るか?」と声をかけたことをきっかけに、生徒たちは試行錯誤して、バスケ部をつくった。おかげで、「最高の仲間」と「一番の思い出」をつくることができたと語っている。

続いて紹介するのは、男子バレーボール部をつくった、なんとも力強い男子高校生の投書だ。

女子に負けず男子部を復活（男子高校生、15歳、東京都、2004年11月25日）

僕は高校に入ったら、友達と一緒に男子バレーボール部に入部しようと考えていました。しかし、体育館に入ってみると男子が一人もいなくて部員はみんな女子でした。実は男子バレー部は廃部になったままで、女子バレー部だけが活動していたのです。とりあえず女子部に入部して、その後、勧誘もして男子部員が6人になりました。しかし、男子としてのバレー部ではなかったため、他校との試合はできませんでした。男子も夏合宿に参加しました。２学期になって、男子部員がもう１人増えたとき、コーチの先生などが相談して、もし男子が全員頑張っているなら男子バレー部を復活させてもよいということになりました。ここはチャンスだと思ったので、僕たちは部活を休まずに一生懸命やりました。そして、とうとう男子バレー部の復活が実現したのです。現在、男子部員は９人になり、男子バレーのユニホームもできました。人間ひとりでは無力ですが、みんなで力を合わせチームワークさえあれば、いろんなことが可能になるんだということが今回のことで分かったのです。

この男子生徒は、バレーボール部に入ろうとしたが、女子部しかなくて男子部はなかった。残念無念とあきらめるのかと思いきや、男子だけど女子部に入って、徐々に男子部員を増やして、がんばりつづけた。

そんな心意気に教師たちも感心したのか、男子部が認められる可能性が出てきた。生徒たちは、さらに一生懸命にがんばって、ついに男子バレー部がつくられた！

このたくましい実践を通じて、生徒は、「いろんなことが可能になるんだ」とわかったと語っている。

「えぇーっ、部活がないの？」と残念に思う気持ちをバネにして、「ならば部活をつくってやる！」と奮闘した生徒たちは、実際にいる。生徒は、厳しい現実に一方的に打ちのめされるだけではなく、現実を変えていく力も持っている。部活を新しくつくったり、いまある部活を違ったあり方へ変えていくことは、不可能じゃない。未来は生徒の手の中にあるのだ。

ちなみに、生徒が新しく部活をつくるための条件や手続きは、学校ごとに決められている。たとえば、「希望生徒が5人以上いること」、「1年間の活動計画書を提出すること」、「担当可能な顧問を見つけること」、などだ。その条件を満たせば、次に、創部を認めてもよいかどうか、活動場所を提供するかどうか、予算を配分するかどうかなどが、職員会議や生徒会で話し合われたりする。

あまり知られていないが、部活をつくることは可能だ。あなたの学校の場合、部活をつくる条件や手続きはどうなっているか、調べてみるとおもしろいかもしれない。

●いつか必ず部活は終わる

さて、生徒が部活にどう向き合っているかを見てきたが、最後に、避けては通れない事実にふれておこう。それは、いつか必ず部活は終わる、ということだ。

引退の時期はやってくるし、学校を卒業すれば部活を続けることはできない。どんなに部活がすばらしいものでも、部活の時間は終わりを迎える。その時、生徒は何を思うのだろう。バスケ部を引退した女子中学生の投書を読んでみよう。

泣いて笑ったバスケの3年（女子中学生、15歳、滋賀県、2007年8月12日）

先日、部活のバスケットボールの試合があった。3年生の私にとっては引退試合だ。……6人の3年生が全員泣いた。悔しかったのだ。3年間自分たちなりに頑張ってきたのに、一度も勝てなかったことが。そしてうれしかったのだ。このメンバーで一緒にやってこられたことが。6人が全員、仲が良かったわけではない。途中で何度もけんかして口をきかなくなったり、時に退部しそうになったりしたこともあった。思えばその度に団結が強くなった。そんな仲間だったからこそ、最後まで続けられたのだと思う。「この6人で良かった」。試合が終わって誰からともなく口をついて出た。一度も勝つ喜びは味わえなかったが、バスケを続けて良かったと私は心から思った。

この女子中学生は、最後の引退試合で負けてしまって、悔しくて泣いた。しかし、仲間と一緒にやってこられたことがうれしかった。ケンカしたり、退部しそうになったりと、順風満帆の部活生活ではなかったようだが、どんどん団結が強くなったという。そして、引退を迎えたいま、「バスケを続けて良かった」と語っている。
ああ、終わり良ければすべて良し……と、まとめておきたいところだが、引退の幕切れはいつも喜ばしいとは限らない。もうひとつ、大好きだった卓球部を引退して、むなしい毎日を送っていると語る女子高校生の投書も読んでほしい。

部活を引退し、むなしい毎日（女子高校生、17歳、神奈川県、2001年7月12日）
私は高校3年の受験生です。先月の試合を最後に、大好きな卓球部を引退しました。中学1年で入部し、2年からは部長として仲間と喜びや悔しさを分かち合い、顧問の先生やたくさんの後輩にも恵まれて今までやってきました。今、私の心は空っぽです。約5年間、毎日部活を楽しみに学校に行き、部活こそが私の生きているあかしであり、すべてでした。引退したことで受験勉強に励むどころか、逆に、生きる気力さえ失いつつある有り様です。夜になると無性に悲しくなり、涙が次から次にあふれ止まらなくなります。

卓球部を引退したこの女子高校生は、心が「空っぽ」だという。「生きているあかし」だった部活が終わり、気力を失い、悲しくて涙して、体調も崩してしまった。部活のすばらしさを感じた生徒ほど、部活を失った悲しさもこたえてしまうのかもしれない。

この生徒の投書が教えてくれることは、部活が生徒にとって本当にすばらしいものかどうかは、部活が終わった後まで含めて考えなければならないということだ。当たり前の話だが、部活を引退しても学校を卒業しても、生活は続いていく。だから、理想の部活のあり方は、部活を終えた生徒に何が残ったのか、ということまで見すえてデザインされなければならない。

●部活の未来を生徒目線で考える

本章では、新聞への投書を手がかりに、生徒が部活にどう向き合っているかを見てきた。生徒は、部活を楽しみにしていて、そのおもしろさやすばらしさを味わおうとしていた。したい部活をとことんがんばって、努力し、友情を育み、勝利をつかもうとする生徒がいる。勉強はからっきしで、学校にも馴染めなかったが、部活に救われたという生徒もいる。部活には、確かに課題やネガティブな面があるが、他方で、生徒がしたいことをできるというポジティブな面があるのだ。

ただし、部活を楽しむことは簡単じゃない。理想どおりにはいかない現実に直面すると、生徒は、自分自身の本当の気持ちに向き合ったり、楽しむために知識や能力を得ようとがんばったり、周りに感謝しなければならないと気づいたり、満たせないほど過剰に膨らんだ欲望は反省すべきだと思い直したりする。

そうしたプロセスの中で、部活をしたい生徒は、部活を思い切り楽しむためには、いろいろと大変なことがあるんだなぁ、と学ぶだろう。そうした学びは、部活が終わったその後の人生でも、きっと役立つに違いない。そのあたりを深めながら、生徒目線で考えることで、部活の未来をデザインできるのではないか。

さあ、いよいよ本書のまとめとして、次章で部活の未来デザインを展望しよう。

COLUMN

部活のことで悩んでいる生徒へ

部活で悩む生徒へ、3つのメッセージを送りたい。

1つめに、もし死にたくなるほど苦しんでいるなら、「部活をやめなさい」と言いたい。

部活でのいじめや暴力を苦にして自殺する事件は、くり返し起きている。当たり前の話だが、部活より生命が大切だ。

そこまでではないが、少しだけ悩んでいて、ちょっとつらいなぁ、やめようかなぁ、と思っている生徒もいる。部活の悩みと言えば、たいていこちらだろう。

そうした生徒へのメッセージとして、2つめに、誰かに強制されて部活に入っていて、本当は他にしたいことがあるのなら、「やめてもいいよ」と言いたい。

部活は、自分がしたいからするものだ。親に言われて仕方なく部活に入ったとか、教師に強引に部活に入れられた、といった流れで部活をしているならば、悩んでしまうのも仕方がない。あなたは本当に部活がしたくて、その部活に入ったのか。もしかすると、他にしたいことがあるんじゃないか。だったら、部活をやめる選択肢はアリ、ということになる。

最後に3つめに、自分自身がその部活に入りたくて入ったならば、いま少し悩んでいるとしても、「がんばって！」と言いたい。

自分で部活を選んだのだから、できるかぎりがんばってほしい。そうしないと、選んだ自分を、自分自身で裏切ってしまう。

したいことをするということは、苦しくも楽しい、自分自身との闘いの連続だ。その自分との闘いに勝つ（克己）ことで成長できる。自分自身で責任を持って選んだ部活なら、そこでぶつかった悩みは、あなたがしたいことを自分の力で実現するために、乗り越えなければいけない課題なのかもしれない。

部活の悩みは、悪いことばかりではなく、良いこともある。

カントの趣味の哲学

好きなことを楽しむ「趣味」は、部活のキーワードだ。そんな趣味は道徳的にもよいことだ、とイマヌエル・カントという昔のドイツ人哲学者が論じている。

どういうことか。部活そのものが論じられているわけではないが、カントの「趣味の哲学」を見てみよう。

カントいわく、趣味とは自分にとって心地よいもの。それは身体的で感覚的な気持ちよさから始まる。ドイツ語で趣味を意味する「Geschmack」という言葉には、「味覚」という意味もある。そう言えば日本語でも、趣「味」と書く。趣味とは、まさに美味しい料理を味わうように、好きなことを身体全体で味わうものだ。

すると、自分にとって心地よい趣味は、ついつい他の人にも伝えたくなる。美味しい料理は他の人にも食べさせたくなる。他の人も美味しいと共感してくれれば、ますます自分も心地よくなる。だから、趣味は人と人を結びつけて、社交につながる。

では、もっと社交の幅を広げてはどうか。たくさんの人に自分の趣味をうまく伝えられれば、自分ももっと心地よくなるかもしれない。そのためには、ひとりよがりの好き勝手な楽しみ方に満足することなく、みんなと分かち合えるように、ちょっぴり自分も変わらなきゃいけない。

自分が心地よいと思っていた趣味を今一度見直して、誰もが心地よいと思えるように、自分勝手を我慢すべきかもしれない。自分だけによいことではなく、みんなにとってよいことをめざす。深く広く正しく趣味を味わおうとすれば、いつしか道徳につながっていく。だから趣味は道徳的にもよい、とカントは言う。

カントの「趣味の哲学」は、趣味から始まる部活の可能性を示してくれる。好きなことを楽しむ趣味の部活が、友だちづくりの社交につながり、みんなのための道徳につながるように、実践してみてはどうだろうか。

前著から本書まで

前著『運動部活動の戦後と現在』を書いた後、いくつかの反響をもらった。新聞や学術誌で書評してもらったり、他の研究者に引用してもらったり、評価してもらったり、批判してもらったりした。本を出す場合に最も残念なことは、批判されることではなくて、反響がないことだ。だから批判もうれしかった。

でも、予想はしていたものの、一般人には受けが悪かった。「堅い、分厚い、難しい、おまけに値段が高すぎる」と。そりゃそうですよね。博士論文をもとにした4600円+税の〝高級品〟なんです、ごめんなさい。そして「もっと柔らかく、易しく、お手頃な値段で、書き改めて」とも言われた。どうしようかなぁ、と思いはじめた。

その頃、ネットの世界を覗くと、「部活が嫌だ、もう死にたい」と投稿する女子中学生がいた。それに対して男子大学生が、「『運動部活動の戦後と現在』という本があります。部活を分析した本で、読んでみてはどうですか」とリプライしていた。びっくりした。

さらに、その続きにもっとびっくりした。その男子大学生いわく、「ちなみに、ぼくはまだ読んでいませんが」。読んでないんかい！　そりゃそうだよね。堅いし、分厚いし、難しいし、〝高級品〟だから、仕方ないよね。やっぱり新しく本を出そうかな、と思った。

そうして私は本書を書いた。だから本書の半分ほどは、「部活のこれまで」について、前著をもとにわかりやすく書き直したものだ（データの詳しい分析方法や参考文献リストなどを知りたい人は、前著を見てほしい）。もう半分ほどは、「部活のこれから」について、新しく書いた。

本書に書いた「部活のこれから」を、みなさんはどう読むだろう。きっと、いろいろ批判されたり、叩かれたりするかもしれない。でも、それでいい。だって一番残念なことは、反響が何もないことだから。

第9章

部活の未来をどうデザインするか

最後に、これからどうすべきか、
部活の理想のあり方を展望しよう。
これまでの議論をふまえて本書は、
「たかが部活、されど部活」と主張したうえで、
「楽しむ練習」としての部活、という
コンセプトを提案したい。

1　たかが部活──「自主性」の魅力と魔力

●「自主性」の理念、あいまいな制度、多様な実践

「部活のこれから」をどうすべきか。

第1章で見たように、日本の部活は、海外と比べて、特異なほど大規模に成立している。そして第3章で見たように、いまの部活は、昔と比べて、過剰なほどに肥大化している。国際的かつ歴史的に見てみると、日本のいまの部活は、持続可能性が危ぶまれるくらい大きくなりすぎていることがわかる。

その結果、第6章で見たように、生徒の生命を脅かす死亡事故や体罰・暴力が生じてしまった。また、第7章で見たように、教師の生活を脅かす苛酷な勤務状況も生じてしまった。

だから本書は、たかが部活で生徒や教師を犠牲にしてはいけない、と主張する。生徒の生命より大切なものはないし、教師の生活をないがしろにしてはいけないのだから、これは当たり前の主張だ。

しかし、この当たり前の主張が、部活の話になると、すんなりとは伝わらなくなってしまう。

だから部活は、ここまで肥大化してしまった。なぜか。その理由を考えるため、これまでの議論を思い返しながら、部活の理念・制度・実践を整理しておこう。

はじめに、「何のための部活なのか」という、部活の理念について。

第2章で見たように、いまに続く部活の基本は、戦後民主主義教育という構想の中でつくられた。民主主義を実現するために、教育は、自分で考え自分で行動する「自主性」を持った人間を育てようとした。そのために、カリキュラムや授業の枠に縛られない、生徒自身の「自主性」を中心にした部活が必要とされた。

つまり、部活には「自主性」の理念が込められていた。しかし、現実の部活は、「自主性」の理念の下で、混乱してきた。

次に、「部活をどう位置づけるか」という、部活の制度について。

部活の位置づけはあいまいだ。第1章や第5章で見たように、部活は課外活動であり、学校が部活を引き受けるべきかはあいまいだし、教師が部活に従事すべきかもあいまいだ。教育現場からは、「部活をどうするか、はっきり決めてよ。部活のあいまいさはもうこりごりだ」と、不平の声も聞こえてくる。

部活の制度があいまいである理由は、「自主性」の理念を掲げているからだ。あいまいさをなくして制度をはっきり整えたら、それは「自主性」にもとづくものではなくなる。つまり、

「自主性」の理念を掲げるかぎり、部活の制度は、あえてあいまいでなければならない、ということになる。しかし、くり返しになるが、そのあいまいさが現場を苦しめてきた。

続いて、「部活で何をするか」という、部活の実践について。

「自主性」という部活の理念と、それに連動したあいまいな部活の制度は、部活の実践を多様にする。それによって、生徒が好きなことに好きなだけ打ち込めるかもしれない。教師は、指導に工夫を凝《こ》らして、やりがいを感じるかもしれない。

しかし、現実はそんなにうまくいくとは限らない。生徒の「自主性」を大切にしていたら、どんどん過熱化してしまい、教師の「自主性」を大切にしていたら、体罰事件が起きてしまった。「自主性」の理念を掲げて、制度をあいまいにしていたら、部活の実践には「良くない多様性」も含み込まれてしまった。

「自主性」の理念、あいまいな制度、多様な実践は、部活の3点セットだ。

●部活の内側にある「自主性」の罠《わな》

こう見てくると、部活問題の大本には、「自主性」という言葉がある。

確かに、「自主性」という言葉は魅力的だ。しかし、その反面で、危険な魔力も持ち合わせた、恐ろしいマジックワードでもある。「自主性」という言葉が持つ問題を、大きく2つ指摘したい。

1つは、「自主性」それ自体は良いことなので、「自主性」と言われると、なかなか反対できないことだ。

生徒が「自主性」を発揮して部活をしたがっているならば、たいていの教師は、献身的に付き合おうとする。しかし、生徒がどんどん「自主性」を発揮してきて、もっともっと部活をしたがっていて、「部活を毎日したい。土日もしたい。夏休みもしたい。年末年始もしたい。合宿にも行きたい。上手くなりたい。最新の戦術を教えてほしい。全国大会に出たい」とまで求めてくると、ほとんどの教師はつらくなってくる。結果として教師は、際限のない負担を抱え込み、時間外勤務は当たり前、時には倒れてしまうまで部活に巻き込まれる。

教師のほうも、のめり込むほど「自主性」を発揮して、授業がそっちのけになることもある。それならまだマシで、教育委員会や校長の目が届かないところで、教師の「自主性」に任せすぎると、厳しすぎる間違った指導によって、生徒が犠牲になることもある。あげくの果てに、体罰・暴力そして死亡事故も引き起こされてしまった。

これらはいずれも、生徒や教師の「自主性」を存分に保障した末に起きることだ。その結果、他の誰かにしわ寄せが来るのだが、「自主性」の発揮は良いことなので、反対してはいけないような気がしてしまう。

「自主性」という言葉が持つもう1つの問題は、実際には強制されているにもかかわらず、「自主性」と言われてごまかされてしまうことだ。

「自主性」を大切にするはずの部活の現実は、必ずしも「自主性」に満ちているわけではない。第3章で見たように、1980年代から、非行予防や生徒指導のために「自主性」は逆手に取られて、部活は管理主義的になっていった。

「自主性」の名の下に、部活を強制される生徒がいる。生徒が、「部活なんて入りたくないなぁ」と思っても、学校は許してくれない。「昼寝が好きだから昼寝部をつくってほしい」と言っても、学校は認めてくれない。結局、強制的に厳しい運動部に入部させられてしまう。それなのに、部活は生徒の「自主性」だ、と言われてしまう。最後の抵抗として、生徒が「部活をやめるのも自主性かな!?」なんて開き直ってみても、教師に怒られるのがオチだ。「自主性」という言葉は、生徒のホンネとかけ離れている場合がある。

他方で教師も、全員顧問制で仕方なく部活を任されて、時間外勤務に苦しみ、何かあった時の補償に不安のぬぐえない人が少なくないのに、部活に関わるのは教師の「自主性」ということにされている。たまったもんじゃない。「自主性」という言葉は、教師のホンネとかけ離れている場合もある。

だから、部活にそそがれる「自主性」という言葉は危険だ。「自主性って良いよね」と言いつづけていたら、反対できずにずるずると部活は肥大化し、いつしか生徒も教師も強制的に巻き込まれてしまった。部活には「自主性」の罠がある。

部活のあり方を、部活の内側に閉じこもったままで考えようとすると、「自主性」の罠にはまってしまい、抜け出せなくなって、にっちもさっちもいかなくなる。

●部活の外側に目を向ける

では、どうするか。部活の内側に込められた、「自主性」という恐ろしい魔力から逃れるためのひとつの方法は、部活の外側に目を向けることだ。

部活の外側には社会がある。その社会のあり方は、法律や道徳で決まっている。だから、部活のあり方を考えると言っても、何でもアリなわけではなくて、大前提として法律や道徳がある。

「自主性」のすばらしさを叫ぶ人ほど、このことを忘れてしまう。制度があいまいだと言っても、倒れてしまうまで教師に時間外勤務を課すことは許されない。実践は多様だよねと言っても、体罰は許されない。なぜなら、法律でそう決まっているからであり、道徳的に許されないからだ。

理念だ制度だ実践だと言う前に、法律と道徳を守らなければならない。部活のあり方は、あくまで法律の中で、道徳の中で考えられなければならない。

もうひとつ、部活の外側にある授業とも比べてみよう。授業は、生きていくうえで必要な知識や技術を、生徒に身につけさせるためにある。それらはどんな生徒にも必要なので、しっかり身につくように、教科書に整理されたり、学習の方法や手順が定められたりする。

生徒に必要なことなのだから、生徒の好き嫌いは二の次で、生徒は授業を受ける必要がある。だから、授業は必要性の原理でつくられるべきだし、生徒に必要なものは授業で満たされなければならない。

他方で部活は、生きていくうえで絶対に必要なわけではない。必要だから仕方なく部活をするのではなく、したいから部活をしているにすぎない。だから、やっぱり、たかが部活。

こう言うと、「部活は必要不可欠で、なくてはならない教育場面なんだ」、「授業では学べないけど必要なことが、部活で教えられるんだ」と怒る人がいるだろう。しかし、本当に絶対に必要なことなら、それはカリキュラムに組み入れて、授業ですべての生徒に与えるべきだ。部活で教えられている「必要なこと」を、授業で誰もが学べるように改善するべきだ。

部活の改革は、授業の改革と表裏一体なのだ。授業はさておき部活をがんばればいいんじゃないの？　なんて、部活に甘えてはいけない。

部活の外側に目を向けて、部活や「自主性」よりも大切にすべき法律や道徳、授業がある、という当たり前の事実を認識しなくてはいけない。

さて、少々説教くさくなってしまったが、そのうえでもう一度、部活の未来をデザインするため、部活の内側に戻ることにしよう。

部活の内側には「自主性」の罠が待っている。部活の外側に目を向けたことで、いくらか相対化されたとは言っても、「自主性」というマジックワードはまだまだ恐ろしい。だから、ここから先は、「自主性」の罠にはまらないようにするため、「自主性」という言葉そのものを使わないことにしよう。

と言っても、そこで意味されていた、「したいことができる」という、誰もがすばらしいと感じる良さを、丸ごと捨てるわけではない。部活には、したいことができる、という良さがある。私は、たかが部活と言いながら、されど部活とも言いたい。

だから、したいことができる部活の良さを、私なりの言葉で表現し直しながら、部活の未来をデザインしてみたい。

2　されど部活――したいことができる幸せ

●したいことができるということ

たかが部活、と言うだけでは、「部活なんてなくしてしまえ」という結論になってしまう。そうならないために、されど部活、と言い返すためには、誰もが認める部活の良さを根拠にして、それを中心に置いた部活のあり方を提案しなくてはならない。

では、部活の良さとは何だろうか。「生徒指導に有効だ」という教師の言いぶんは、あくまで教師目線の良さだ。「わが子を厳しくしつけてくれる」と期待するのは、親目線の良さだ。「競技の普及に役立つ」と評価するのは、競技団体目線の良さだ。

そうではなく、生徒目線ではどんな良さがあるだろう。「友だちができる」、「礼儀が身につく」、「受験や就職に有利」という良さが思い浮かぶかもしれないが、それらは部活以外でも得られる、間接的な良さにすぎない。

それらをはぎ取れば、部活をすることそのものに行き着く。すなわち、したいことができる、という部活の良さだ。

部活の良さは、何と言っても、生徒がしたいスポーツや文化活動ができるということだ。バスケがしたい生徒は、バスケ部に入ればバスケができる。テニスがしたい生徒は、テニス部に入ればテニスができる。楽器を演奏したい生徒は、吹奏楽部に入れば楽器を演奏できる。したいことができるということが、部活の醍醐《だいごみ》味だ。この醍醐味を中心に置いて、部活の未来をデザインしてみたい。

しかし、いきなり水をさして申し訳ないが、私は、したいことができるなんてことは、もしかすると奇跡のような幸せではないか、と思っている。部活の話から少し脱線して、私の趣味を例に説明しよう。

私は、大学を卒業して部活も卒業となった後、大人になってからも、いろいろな趣味を楽しもうとした。しかし、部活がなくなると、趣味を楽しむのは大変だった。かつて部活で楽しんだサッカーを続けようと思っても、あんなに身近にあったサッカーボールが、自分の家にはなかった。草野球のチームをつくったが、みんなのスケジュールが合わなかった。アメフトをしていた友人に誘われて、タッチフットのチームをつくったが、活動する場所が確保できなかった。ゴルフを始めたが、お金がかかった。大学院生の時、コーヒーとおしゃべりを楽しむ「コーヒー部」をつくったが、運良く就職が決まって「引退」した。そんな私の一番の趣味は囲碁《いご》だが、私の周りには、絶望的なほど、囲碁が打てる人がいなかった。……と趣味の話は尽きそうにないので、続きはコラムで。

さて、何が言いたいかというと、サッカーや草野球、タッチフット、ゴルフ、「コーヒー部」、そして囲碁という趣味を、いくら私がしたいと願っても、実際にできるとは限らない。したいことができるまでには、仲間を集めたり、場所を確保したり、用具を揃えたり、越えなくてはならないハードルがいくつもある。私にとって、囲碁に興味を持つ友人を得るのは、夢のような奇跡だ。

したいことができるというのは、奇跡のような幸せだと思うのだ。

●幸せを感じられない部活の現実

だから、生徒がしたいことができる部活は、本来ならば、とても幸せなことのはずだ。

しかし、現実の部活を見ると、生徒はその幸せを感じられていない。なぜなら、部活があることが当たり前になっているからであり、しばしば生徒の純粋な「したい気持ち」を上回るほどに部活が過剰になっているからだ。

たとえば、次のような、どこにでもありそうな架空の野球部を想定してみよう。

その野球部は、部員がたくさんいて、顧問教師は熱心で、活発に活動している。そんな野球部には、野球が大好きな生徒ばかりでなく、周りに勧められてなんとなく入ってきた生徒もいるし、全員部活に入るべしという学校のルールのために仕方なく入ってきた生徒もいる。他の教師たちは、生徒指導のためにヤンチャな生徒を送り込んでくる。

学校は用具や施設を準備して、お膳立ては整えられる。親たちも、伝統ある厳しい野球部ならひと安心、と後押しする。

だから野球部の生徒は、そんなに野球をしたいわけではないが、野球ができるし、しなくてはならない。

キャッチボールはできるし、チーム練習も試合もできる。生徒はボーッとしていても、顧問教師は練習メニューを与えてくれるし、与えられたメニューはこなさなくてはならない。

試合日程は、いつのまにか組まれている。生徒にしてみれば、対戦相手はどこの誰だか知らないが、やるからには負けたくない。周りも応援してくれるし、勝つためには、ちょっとくらい卑怯《ひきょう》な手を使ってもいいかも。だって相手は敵だから。

応援に来た親も、試合となれば熱が入って、ヤジまがいの声援が飛び交う。スポーツとは残酷なもので、ホームランを打って得る1点も、相手のエラーで得る1点も、同じ1点。だったら相手の失敗を誘うために、ヤジで挑発したっていいじゃないか。なぜなら、敵に勝つためだ。

それなのに負けてしまったら、すべてが終わったと感じてしまう。なんで野球やってたんだっけ？


以上は架空の野球部だが、そこでは、生徒の「したい気持ち」を上回って、「できる状態」が実現されているし、さらに「やらなければならない状態」にまでなっている。

本当は、したいことが実現するまでには、仲間を集めたり、場所を確保したり、用具を揃えたりというハードルがある。しかし生徒は、そうしたハードルがあることを知らないし、それが他の誰かの力で知らぬ間に越えられていたことにも気づかない。

だから、「できる状態」が実現されているはずなのに、生徒自身は幸せを感じられない。「したい気持ち」と「できる状態」がつながっていないからだ。

したいことができるまでには、いくつものハードルがある。そのことを、生徒にしっかりと突きつけると、どうなるだろう。大変だからやめてしまう生徒が出たり、部活自体が成立しなくなったりするかもしれない。

したい活動を自分たちで実現していくには、生徒は力不足だし、教師や大人の支援なしにはできることは限られている。悪戦苦闘の連続になることは、目に見えている。

●「したい気持ち」と「できる状態」

しかし、だ。もしかすると、その悪戦苦闘の道にこそ、理想の部活の可能性が隠れているかもしれない。

ふたたび架空の話だが、次のようなサッカー部を想定してみよう。

そのサッカー部は、新しくできたばかり。サッカーは11人でするスポーツだが、部員は8人しかいないので、大会に出たことがない。

顧問教師は未経験者で関心もなく、日頃からあまり顔を出さない。学校は、グラウンド使用をあまり認めてくれない。周りの教師たちは解散を勧めてくる。親たちは、勉強しなさいと言うばかりで、応援してくれない。

それでも8人の部員はサッカー部に残った。だって、本当にサッカーがしたいから。しかし、人数は足りないし、周りのサポートも得られないので、思う存分にサッカーができない。

8人の部員は動きはじめた。まずは部員集めだ。残り3人の生徒を探して、クラス中、学校中を駆けまわった。すると、サッカーに興味を持っている生徒が1人見つかって、入部してくれた。

次に、サッカーは知らないけど、何かスポーツをしたいと思っている生徒が1人いた。サッカーの魅力を伝えて、試しに練習に参加してもらうと、おもしろいと感じてくれて、サッカー部に入ってくれた。

最後の1人がなかなか見つからない。興味を持ってくれた生徒は1人いたが、すでに野球部に入っていた。サッカー部と野球部の兼部が認められればオーケーだ。

サッカー部員はみんなで、野球部の顧問教師にお願いに行った。怒られるかもしれないと、内心はビクビクしながらも、「野球部には迷惑をかけません。サッカー部も一生懸命がんばりたい。だから兼部を認めてください」と、精一杯お願いしたら、意外にあっさりと認めてくれた。

ついに11人集まって、サッカー部が本当に成立した。学校は、グラウンド使用をついに認めてくれた。

いよいよ試合がしたい。部員は11人きっかりだから、紅白戦なんてできない。対戦相手が必要だ。顧問教師に相談してみたが、当てにならない。さあ、どうしよう。

別の学校に通っている幼なじみが、その学校でサッカー部に入っているはずだ。試合ができないかとお願いしてみたら、すでにスケジュールがいっぱいで無理、と断られた。うーん、どうしよう。

思い切って隣町の学校に電話して、「そちらのサッカー部と試合をさせていただけませんか」と尋ねてみたら、「生徒の話じゃ約束できない。先生はどうしたの？」と逆に聞かれた。

あらためて顧問教師に相談し直すと、「そこまでやる気があったのか」と妙に感心しながら、「その先生に電話してみるよ」と言ってくれた。先生どうしの話もついて、ついに試合が実現した。

試合会場は隣町の学校。まずは電話で応対してくれた先生にあいさつに行った。素直に感謝の言葉を伝えると、どうやらその学校も対戦相手を探していたようで、喜んでくれた。

肝心の試合は完敗だった。勝てなくて、悔しかった。でも、それ以上に、念願の試合ができたことがうれしかった。苦労を重ねてやっと見つかった対戦相手は、倒すべき「敵」というよりも、一緒にサッカーをする「仲間」のように感じられた。

思い返すと、サッカー部をつくった目的は、サッカーをすることだった。確かに勝てればうれしいけど、勝つか負けるかの前に、試合ができないと話にならない。

敵だ味方だという前に、試合をするためには対戦相手が必要だ。その場の勝利のために嫌がらせをしたら、二度と試合をしてくれないかもしれない。また一緒にサッカーをしよ

う、とお互いが思えるためには、お互いがお互いを尊重することが大切なのかも。これがつまり、フェアプレイってこと⁉

もし生徒が、部活をしたいという気持ちを出発点にして、いくつものハードルを越えながら、部活ができるようになれば、幸せを感じられる。

逆に言えば、生徒が部活に幸せを感じられるようにするには、「したい気持ち」と「できる状態」がつながった、と生徒自身が思えなくてはならない。

3　「楽しむ練習」としての部活

●「楽しむ」と「楽しみ」

「したい気持ち」と「できる状態」がつながった、と思えること。それは、「楽しむ」ということだ。

「楽しむ」とは、「楽しみ」を自分で手に入れることだ。「楽しみ（名詞のjoy）」は、道ばたに落ちているわけではないし、空から降ってくるわけでもない。楽しみは、自分が主体になって、自分から動き出して、自分で勝ち取って、初めて手に入る。そうしてやっと、「楽しむ（joyを動詞にしたenjoy）」ことができる。

楽しむためには、いろいろとエネルギーもいるし、アイディアや試行錯誤も欠かせない。仲間を集めたり、場所を確保したり、用具を揃えたりというハードルも越えなければならない。それは大変だから、すぐに簡単に楽しむことはできない。楽しむことはけっこう難しいことで、それほど貴重ですばらしい体験なのだ。

生徒の場合、楽しみたいことがあったとしても、なかなかうまく楽しむことはできない。なぜなら、未熟な子どもだからだ。

たとえば、生徒が一市民として、スポーツをしたいと思ったとしよう。ならば、大人がそうするように、スポーツ施設を予約しに行かなければならない。すると、「予約が埋まっているので無理です」と断られたり、「まずは来年、地域の会議に出るところから始めてください」と言われたりする。

学校を出た瞬間に、子どもは保護されるべき生徒ではなく、一市民として扱われてしまう。まだ子どもなのに、大人社会のルールに従わなければいけない。それはちょっとかわいそうだ。だったら、したいことを楽しむための知識や能力をつけるため、学校という守られた場所で練習してみてもいいんじゃないか。

そもそも学校は、子どもが「一人前の大人」になるための練習場所だ。子どもは、社会に出る前に、生徒という保護された身分で学校に通い、「一人前の大人」として社会を生きていくための練習をする。

その練習をしてくれるのが、教師だ。教師は、子どもに知識と能力を与えて、生徒の生き方を支援する。学校を生きることは、人生を生きることの練習問題のようなものだ。

この形式を、部活にも当てはめてみよう。部活は、楽しむことを練習する場所になれる可能性がある。

楽しむことの練習は、部活でこそできるもので、授業ではできない。なぜなら授業の内容は、生徒がしたいこととは別に、決められているからだ。授業は、生徒が好きか嫌いかとは別に、人生を生きていくために必要な知識や技術を、きちんと教えるためにある。授業の根本には、必要性の原理がある。

そのように人生に必要な授業と比べると、それぞれがしたいことをする部活なんて、大した意味がないように思われてくる。しかし、そんなことはない。なぜなら、人生は必要性だけで満たされているわけではないからだ。

私たちは、何かをしなければならない、と必要に迫られて、仕方なく人生を生きているわけではない。自分の気持ちや思いを原動力にして、したいことを実現しながら、人生を楽しく生きていきたいはずだ。

だったら、生徒がしたいことを実現する力をつけられるように、学校の部活という場所で、教師が支えてあげてはどうか。人生の楽しみ方を、部活で練習してみてはどうか。

楽しむことの練習は、人生にとって意味があり、それは部活でしかできない。だから私は、たかが部活と言いながら、されど部活とも言いたいのだ。

●「楽しむ練習」としての部活

以上から、部活の未来をどうデザインするか、という問いかけに本書は、「楽しむ練習」というコンセプトを提案する。

勘違いしないでほしいが、ここで言う「楽しむ」は、軽〜くゆる〜くレクリエーション程度の部活が良いよね、という意味ではない。それもひとつの楽しみ方だが、競技をとことん楽しみたい、厳しいトレーニングに励みたい、勝たなければ楽しくない、全国優勝の夢を叶えたい、という楽しみ方もアリだ。どんな楽しみを求めるかは人それぞれだから、楽しみの中身はいろいろでいい。

「楽しむ練習」というコンセプトで強調したいのは、「練習」という部分だ。それぞれが求める楽しみを本当に楽しむためにｊ、どうすればいいのかを考えて、それを実現できる力をつける。そのための練習をしよう、と提案している。

だから「楽しむ練習」とは、試合やコンクールに向けた日々の練習は楽しいのがいいね、という意味ではない。もう一歩踏み込んで、日々の部活を楽しむことだけでなく、将来にわたって人生を楽しむこともめざそうとする。

たとえば、ある日の活動が楽しくなくて、つらくて苦しかったとしても、楽しめなかった失敗例として受けとめて、次にもっと楽しめるようにするための反省材料にできれば、意味のある経験になる。

逆に、ある日の活動がとても楽しくて、最高に満足するものだったとしても、油断はできない。本人は気づいていないが、他の部員は、「あいつだけが楽しむばかりで、つまんない」と我慢していたかもしれない。教師は、「私の時間が部活でつぶれて、もうウンザリ」と不満に思っていたかもしれない。

もしそうなら、本人が得たその楽しみは、他の部員と教師の犠牲の上にあることになる。そんなことをくり返していると、誰も相手にしてくれなくなり、結局のところ、将来にわたって楽しめなくなる。

多くの場合、部活で得られる楽しみは、大人社会では考えられないくらい恵まれた、優しい周りのサポートがもたらしてくれるものだ。部活の楽しみは、フィクションと言ってもよいかもしれない。そんなフィクションに甘えた楽しみ方は、大人社会では通じない。部活と学校を卒業した後、「学生時代の部活がいちばん楽しかったなぁ」と大人が愚痴《ぐち》をこぼすくらい、部活は恵まれている。

だから、「楽しむ練習」としてデザインされた部活で、生徒に期待されることは、部活という場所がどれほど恵まれているかを知ること。それにいつまでも甘えていてはいけないことに気づくこと。そして自分が楽しむために、自分自身でがんばれるようになることだ。

「楽しむ練習」としての部活は、部活をしたい生徒の目線から組み立てられているが、生徒の意見を一番に優先するわけではないから、生徒ファーストとは言えない。部活をしたい生徒を特別扱いするわけではないし、それ以外の生徒（部活をしたくない生徒も）の意見も、平等に公正に扱う。

そして教師の意見も、究極的には、平等に公正に扱われなくてはならない。なぜなら、大人社会を生きる大人＝教師と対等な立場に立てるようになることが、「楽しむ練習」のゴール地点になるからだ。

この点を掘り下げながら、次に教師の関わりを考え直してみよう。

●生徒の欲望はどこまで満たされるべきか

「楽しむ練習」としての部活に、教師はどう関わるべきか。生徒がしたいことを教師が支えましょうよ、と言うだけでは、教師の負担が気になって、警戒されるに違いない。生徒のしたいことなんて際限がない、それを支えるなんて、教師がまた大変になるじゃないか、と。

この問題を、生徒の欲望はどこまで満たされるべきか、と言いかえて考えてみよう。生徒ファーストで部活を考える人にとっては、眉《まゆ》をひそめる問題設定かもしれない。しかし私は、これまでもくり返し言ったように、生徒の「したい気持ち」は、要するに欲望だと思っている。

生徒は、部活をしたいと欲望していて、その欲望を満たせと訴えてくる。そうかと思えば、ある生徒の欲望が、他の生徒の欲望とぶつかり合って、まとまらなかったり、ケンカが起きたりする。そんな生徒の欲望に振り回されて、教師はクタクタになってしまう。教師にも教師の欲望があるのだから、生徒の欲望ばかりに付き合ってはいられない。

部活では、欲望と欲望がぶつかり合う。

ところで、こうした欲望と欲望のぶつかり合いは、学校や部活といった子ども社会だけでなく、企業や地域といった大人社会でも同じようにある。だとすれば、その大人社会を生きている大人の日常的な生き方が、部活にも使える、とは考えられないだろうか。部活を、人生を楽しむための練習場所にしようとしているのだから、大人の生き方を教えてあげてもいいはずだ。

ある人間が欲望を持つことや、それを満たそうとすることは、社会で普通に起きている。私たちの社会は、個人の自由を大切にしようとしているが、それは突きつめると、それぞれの欲望をある程度は認めよう、ということだ。

ただしルールはもちろんある。わがままは許されなかったり、互いに互いを認め合ったり、みんなが納得できる合意を得ようとしたり。そういうルールの中で、私たちの社会は、欲望をある程度認めている。

だから部活にも、その大人社会のルールを持ち込んでみよう。部活をどうしたいかを話し合う時に、ある生徒の欲望と他の生徒の欲望がぶつかり合うことは、悪いことではなく当然のことだ。そこで他の意見を受けとめたり、自分の意見を修正したりして、双方の納得できる結論が得られればいい。

だから教師も、支える側ではあっても、教師自身の欲望を完全に隠す必要はない。つまり、教師は生徒に冷たくこう言ってもいい。

「あなたがしたいことを、あなたが自分でするなら、誰も文句は言いません。でも、他の生徒や教師の助けを求めるなら、甘えちゃダメ。あなたがしたいことのために、まずはあなた自身ががんばりなさい。もしみんなに助けてほしいなら、みんながあなたを助けたいと思えるほどに、もっともっとがんばりなさい」

部活で生徒は、自分の欲望を満たそうとする。そこで他者の欲望の存在に気づき、向き合い、ぶつかり、調整し、折り合いをつける。それが社会を生きるということであり、大人になるということだ。

だから、「楽しむ練習」としての部活で教師に期待されることは、欲望を満たそうとする生徒を、ひとまずできる範囲で支えてあげること。そのうえで、過剰な欲望を生徒があきらめられるように、納得させること。あるいは、あふれる欲望を自分で満たすことができるような「楽しむ力」を、生徒に身につけさせることだ。

4　部活で育てる「楽しむ力」

●「楽しむ練習」は優しくて温かい

そろそろ、本書のページも尽きてきた。でも、「楽しむ練習」って、具体的には何をどうすればいいの？　と聞かれそうだ。

私が提示できたのは大きなコンセプトだけだし、楽しみ方は人それぞれだし、専門書やハウツー本はすでに山ほどあるし、ネットで情報は無限に手に入れられるし、あとはそれぞれの現場でそれぞれに実践してちょうだい……と逃げ切りたいところだが、許してもらえないかもしれない。では最後に、思い切って試論を展開してみよう。

「楽しむ練習」としての部活、というコンセプトは、ひとまず、本人が何かをしたいと思う気持ちのすべてを肯定する。スポーツをしたい気持ちや、芸術を究《きわ》めたい気持ちはもちろん、マンガを読みふけりたい気持ちも認めるし、効果的な昼寝の仕方を考えたい気持ちも受けとめるし、ポケモンGOをしたい気持ちがあるなら、それもいいじゃないか。思うだけなら、何をしたいと思ってもいい。

さらに、上手くなりたいからとことん練習したいという気持ちも、下手でいいからダラダラ過ごしたいという気持ちも、同じように肯定する。試合に勝ちたい、プロになりたい、燃え尽きるまで部活にのめり込みたい、という気持ちも、たとえ過熱化や勝利至上主義の心配があったとしても、頭ごなしに否定せず、同じようにいったん肯定する。

誰が何をしたいのかは、他人がそう簡単に理解できるものではない。だから、ひとまず、あらゆる気持ちを受けとめよう。「楽しむ練習」としての部活は、優しくて温かいのだ。

●「楽しむ練習」は厳しくて冷たい

しかし、そのしたいことが、本当に実現できるかどうかは別問題だ。法律や道徳の範囲を超えれば、実現させるわけにはいかない。むろん、「人殺し部」はダメだ。

部活として成立させようとするなら、学校の許可を得られなければ実現できない。先ほど冗談交じりに、ポケモンGOをしたい気持ちもいいじゃないか、と言った。もちろん私だって、学校はなかなか「ポケモンGO部」を認めてくれないことはわかっている。万が一、話のわかる校長先生がいたとしても、「学校にスマホを持ってきてはいけません」という校則に引っかかるかもしれない。

ならば、校則変更案を生徒会から提起してみるか？　「めんどくさいなぁ。だったらポケモンGOはいいや」とあきらめるなら、それでいいし、何も問題はない。「ポケモンGO部」がなくても、人生に必要なことは授業でしっかり学ぶことができるのだから。過剰な欲望をあきらめることも大切だ。

また、ルール上は認められることでも、友人が相手にしてくれなかったり、教師にそっぽを向かれたりすれば、したいことは実現できない。頼む相手をミスってしまえば、致命傷だ。

もし、私のように自分勝手に生きている人間が顧問教師だったら、生徒の頼みを冷たくあしらうかもしれない。たとえ可愛い生徒たちが、「バレーボール部で全国優勝したい！」と願っていても、ムキになって言い返してやろう。

「君たちは、全国優勝したいと言ったけど、本当に本当に本気なのか？　全国優勝したチームの、時間の過ごし方を知っているか？　『勝つ部活動で健全な生徒を育てる――中学校女子バレーボール部　東海連覇の指導法』（塚本哲也、黎明書房、2011年）という本を読んでみたら、全中に出場するために、年間1千セットのゲームをこなしている、と書いてあったぞ。一日3セットを休まず1年間、そんなのできる？

もちろん、僕も君たちを応援してあげたい。でも、願えば必ず叶うなんて、言えるはずがないじゃないか。あっ、応援すると言っても、できる範囲の応援に限るよ。ぶっちゃけて言えば、君たちのバレーボールに付き合う時間があるなら、僕は家族と過ごしたり、囲碁を打ったりしたいんだ。

それとも、君たちが僕の囲碁相手になってくれる？　ギブ・アンド・テイクで、お互いにしたいことを助け合おうか」

ああ、言いすぎた、ごめんなさい。部活が欲望と欲望のぶつかり合いなら、煩悩《ぼんのう》のかたまりの私は、生徒にとって鬼のような強敵だろう。

それでも内心では、生徒があきらめることなく、私の言いぶんを冷静に理解したうえで、熱い情熱を絶やさずに、ふたたび頼みこんできて、鬼の私も人間の感情を揺さぶられて、つい「わかったよ」と言ってしまいそうになることを期待しているんだけど。

私だって、部活に燃える生徒の姿には、感動するんだ。本当だよ。先日も通勤電車で、愛読書『甲子園だけが高校野球ではない』シリーズ（岩崎夏海監修、廣済堂出版）を読んでいたら、涙が止まらなくて、降りる駅を乗り過ごして、仕事に遅刻してしまって……。

話が脱線してしまったが、それはさておき、おそらく世の中の教師は、私よりずいぶん優しいので、私ほどひどい扱いはしないと思う。しかしそれでも、生徒のしたいことが100パーセント叶うとは限らない。

「楽しむ練習」としての部活は、何かをしたい気持ちをひとまず聞いてくれるから、優しくて温かい。しかし同時に、そのしたいことを必ず実現してくれるわけではないから、厳しくて冷たくもあるのだ。

●「楽しむ練習」の3つの方針――決める、交わる、ふり返る

最後は真面目になって、「楽しむ練習」で大切にすべき3つの方針を、実践する生徒と、支える教師に向けて伝えておきたい。

①「決める練習」

1つめは、生徒が自分で「決める」こと。自分が何をしたいのかは、自分がいちばん知っている。だから、生徒が自分で決めることが大切だ。

部活をするかどうかを決める。どの部活に入るかを決める。部活で何をどれくらいするかを決める。今日は部活をサボるかどうかを決める。いっそのこと部活をやめるかどうかを決める。それでもやっぱり部活を続けるかどうかを決める。

決めるとは、自分で自分をコントロールするということだ。「楽しむ練習」は、生徒に、決定する主体になることを求める。「楽しむ練習」としての部活は、生徒の決定からスタートする、個人的なものだ。

この時、教師は、生徒の決定を支える側に立つ。生徒はまだまだ子どもだから、充分な決定能力がないかもしれない。「決めていいよ」と言うだけでは、生徒は決められない。生徒自身が、自分のしたいことをわかっていない、ということもある。だから、生徒が知らなかった選択肢を与えてあげたり、その選択肢を選ぶとどうなるかの見通しを示してあげたり、別の選択肢と比べて整理してあげたり、生徒のしたいことを一緒に探してあげたり、そんなふうに教師には、生徒の決定を支えてほしい。

しかし、教師が決める側に立ってしまうと、生徒は決められる側、つまり決定の主体ではなく客体になってしまうので、ご注意を。

②「交わる練習」

2つめは、生徒が他者と「交わる」こと。生徒が何かを決めたとしても、生徒一人でできなければ、他者と交わることが大切だ。

友人を誘ってみる。友人じゃないけどクラスメイトに声をかけてみる。教師に相談してみる。学校にお願いしてみる。決めた本人から動き出して、周りを巻き込んでみる。

交わるとは、自分がコントロールできない世界（そこに他者がいる）に、自分で自分を投げ入れてみることだ。「楽しむ練習」は、「したい気持ち」を「できる状態」につなげるために、生徒に、自分の外にある世界に踏み出す勇気を求め、他者と交わることを求める。だから「楽しむ練習」としての部活は、他者と交わる社会的なものだ。個人的な決定から始まった部活は、社会的な交流によって、初めて成立する。

この時、教師は、人間関係を支える側に立つ。生徒どうしが協調できるように配慮したり、トラブルを未然に防いだり、起きてしまったトラブルに介入したり。直接的に命令して生徒を動かすことはダメだが、生徒が自らそう動いてしまうような環境を、間接的に用意するのはオーケーだ。

もし生徒が教師に無理難題を言ってきたり、どうにもこうにも余裕がなかったりした時は、大人どうしの誘いを丁重に断るように、生徒の頼みごとを断ってかまわないと思う。ただし、余裕があるならば、生徒の頼みごとを聞いてあげると良いとも思う。教師が、あえて生徒に動かされる客体になってあげれば、その瞬間に、生徒は教師を動かす主体になることができるのだから。

③「ふり返る練習」

３つめは、みんなで「ふり返る」こと。生徒が自分で決めたことを、他者と交わって実際にしてみたら、その後に、みんなでふり返ることが大切だ。なぜなら、そうして目の前に現れた部活の姿は、まさに自分たちで招いた結果だからだ。

思ったとおりに楽しめたのか。周りも一緒に楽しめたのか。楽しめなかったなら、それはなぜか。他者との交わり方が悪かったのか。それをしたいと決めたことがまずかったのか。次は楽しめるように、どうすればいいか。

ふり返るとは、自分と他者そして世界の関係を、一歩引いて見つめ直すことだ。「楽しむ練習」は、生徒たちに、自分たちが何をどのように招いたのかをふり返ることを求める。うまくいってもいかなくても、「したい気持ち」と「できる状態」をつなげようとした、生徒たちによる個人的で社会的なプロセスを、今一度ふり返り、良かったところは次も使えるし、悪かったところは改めればいい。「楽しむ練習」としての部活は、これまでをふり返ることで、これからにつながっていく。

生徒たちが決めて動いて生まれた結果は、生徒たちが原因になって生み出したものだ。ポイントは、生徒が原因という点だ。だから、まずい結果が出てしまったなら、その原因＝生徒が変わる必要がある、と生徒自身が気づくことができる。これが「経験する」ということだ。

もし教師がどこかで強制してしまっていたら、良い結果であろうが悪い結果であろうが、それを生み出した原因は教師ということになって、生徒はこの経験ができない。だから、ふり返る段になるまでは、教師は辛抱が肝心だ。

ここからが教師の最大の見せ場になる。生徒が原因になった部活と言っても、それがたどった軌跡は複雑で、結局、どういう原因（＝生徒のどの決定、どの行動）が良かったり悪かったりしたのかをふり返ることは、生徒の力だけでは困難だ。だから教師は、生徒たちが歩んだ部活の軌跡を、客観的に分析的に説得的に、生徒へ伝えてあげてほしい。結果的に、「したい気持ち」が「できる状態」につながらなかったのなら、さかのぼって、あの行動が悪かった、あの決定がまずかった、あの時の気持ち＝欲望を反省しなきゃ、と生徒が気づけるように。そうして生徒は、自分の行動・決定・欲望を自分でコントロールする主体になっていくことができる。

まとめよう。「楽しむ練習」で大切なことは、「決める練習」、「交わる練習」、「ふり返る練習」の3つだ。これら3つの練習で学べることは、大げさに言えば、自分に与えられた自由の使い方であり、自分の自由と誰かの自由の共存の仕方なのだ。だから、うまく学べれば、その後の人生ですごい武器になる。

ただし、忘れてはならないことは、「楽しむ練習」は、どこまで行っても練習だということ。部活はしょせん練習で、その後の人生が本番だ。

私が話せるのはここまでだ。「楽しむ練習」としての部活は、人生に絶対に必要ではないが、人生をすばらしく有意義にする「楽しむ力」を与えてくれる。部活で「楽しむ力」を育ててほしい。人生を楽しむために！

私の趣味の実践①

サッカー・野球・タッチフット

部活がないと、趣味の実践は難しい。大人になってからの私の苦労話を書いてみよう。

かつて部活で楽しんだサッカーを続けようと思っても、大人になるとみんな忙しくて、11人集めるのは大変になった。7人制サッカーに切り替えたが、それでも集まらないので、5人でフットサルをするのがせいぜいだった。

学校のグラウンドは使えないので、民間のフットサル場を借りなければならない。サッカーボールが自分の家にはないことにも気づいた。サッカー部がなくなると、サッカーするにもひと苦労だ。

草野球のチームもつくった。まずは形からということで、新品のイチローモデルのグローブを購入したが、けっこう高い。いざキャッチボールと思いきや、最近の公園ではキャッチボールができない。グラウンドを借りようにも、なかなか見つからない。

野球専用グラウンドをやっと予約できたと思ったら、今度はみんなのスケジュールが合わない。試合が決まったのに練習は1回きりで、それも6~7人しか集まれなかった。試合はあっさり負けて、いろいろ大変だったし、もういいかとチームは解散した。

アメフトをしていた友人に誘われて、タッチフットのチームをつくった。タッチフットとは、アメフトの簡易版で、タックルの代わりにタッチでオーケー、プロテクターも付けないし危険も少ない、女子でも気軽に楽しめる、と言われるスポーツだ。

グラウンド確保はやはり大変だったから、河川敷の空き地で練習した。そこもけっこう人気があるので、空いている時間をねらうと、眠たすぎる早朝か、熱中症覚悟の真夏のお昼だった。汗をかいても、河川敷にシャワールームはない。川で汗を流そうにも、臭くて汚い。

女子なんて来るわけないことを確信した。

私の趣味の実践②

ゴルフ・コーヒー・囲碁

ゴルフも始めた。お金がかかると聞いていたが、父が古いクラブを譲ってくれたので、幸運にも初期投資はゼロだった。でも、打ちっ放しで練習するたびに、財布が寂しくなった。レッスンプロに見てもらうなんて余裕はないので、独自に編み出した自前のヘンテコ打法で、いざコースへ。

友人とのスケジュール調整は大変で、4人集まってコースをまわることは滅多になくて、あきらめることもしばしば。自前のヘンテコ打法を試すチャンスすら、なかなか得られなかった。

大学院では研究室の先輩や後輩と「コーヒー部」をつくった。コーヒーを飲みながら、研究のこと、人生のこと、くだらないことをひたすらしゃべる、という集まりだ。みんな研究室に入りびたっていたので、平日はもちろん土日休日も、昼食後と夕食後に「コーヒー部」は活動した。

コーヒーにはまって、豆の種類や焙煎の仕方、挽き方や淹れ方に凝りだした。温度計やストップウォッチを使って、実験をくり返した。コーヒーメーカーは論外だが、プレス式やサイフォン式よりも、やっぱりドリップ式が一番だ。この結論は正しいのかな。

「コーヒー部」の部員たちは、大学院を卒業して、北海道や京都やニューヨークやロンドンに散りぢりになった。めでたく就職できたのは喜ばしいが、残念ながら「コーヒー部」は解散だ。

最後に、囲碁。大人になってから始めてみたら、メチャメチャはまって、いまでは一番の趣味だ。大学の研究室には、コンピュータの隣に囲碁盤がある。リュックサックには、学術書に交じって詰碁の本が入っている。通勤時はスマホでネット囲碁をしてしまう。日曜日のお昼にはＮＨＫ囲碁番組を観る。

囲碁部に入ったことがない私が、囲碁に出会ったきっかけは……長くなりそうなので、あらためて。

私の趣味の実践③

私は囲碁が好き

　私が囲碁を始めたのは、大学院の修士課程に入った頃。マンガ『ヒカルの碁』を読んで、近所の碁会所に飛び込んだ。ルールもわからないけど囲碁を打ちたい、と突撃したら、温かく迎えてくれた。

　席主は、昔スナックを切り盛りしていた美人ママさん。先生は、すぐそばで開業しているお医者さん。私の好敵手は、本当は将棋が好きなおじいちゃんや、気前よく酒をおごってくれるトラック運転手さんだった。

　囲碁にのめり込んで、入りびたった。初段になった。

　修士論文の執筆に追われて碁会所通いを少し我慢した。修士論文を書き上げると、よしこれで囲碁が打てると、毎日通いつめた。二段になった。

　博士課程に入って、論文を書いて、結婚して、子どもが生まれて、運良く就職できた、その間中も囲碁を打った。三段になった。

　近所の市民囲碁大会に参加したら、三段リーグで優勝して、代表メンバーに選ばれて、団体戦にも参加した。そこでも優勝して、新聞に名前が載った。そしていまは、四段になった。

　しかし、私の周りには、囲碁が打てる人がいない。友人は「おじいちゃんになってから」と苦笑い。妻は興味を示さず、長女は碁石をおはじきと思い、長男は惜しいかな「どうぶつしょうぎ」に夢中だ。すべての期待を、生まれたばかりの次女にかけよう。

　中澤研究室にも囲碁盤があるので、学生を誘ってみたが、逃げられた。興味を持った留学生がいたので、ルールを教えて数局打ったが、ああ、帰国してしまった。そして誰もいなくなった。

　でも碁会所にはおじいちゃんたちがいるし、ネット碁は常にオープンだから、まぁいいか……と強がってみるが、ホンネは、身近に囲碁が打てる人が欲しい！　いまから大人の囲碁部をつくろうか。どなたか、一局打ちませんか？

あとがき

みなさんに、「そろそろ、部活のこれからを話しませんか」と持ちかけながら、私ばかりが一方的に話してしまった。

さあ、今度は、みなさんの部活話を聞かせてほしい。本書を読み終えたみなさんに、発展的に、建設的に、批判的に、ぜひ部活について自由に話してほしい。

どんな人にも、それぞれの立場から生まれた部活経験があり、そこから紡《つむ》ぎ出された理想的な部活像がある。部活に一言もの申したい、と思わない人を探すほうが難しいくらいだ。部活をどう経験したかはいろいろだし、部活が好きか嫌いかは分かれるだろうが、「部活というものは……」と語りだすと、みんな話が止まらない。

そうした巷《ちまた》の部活話は、そのすべてが傾聴に値する、と私は思っている。なぜなら、いろいろな部活話が出てくれば出てくるほど、部活の可能性を感じられるからだ。たくさんの部活話を聞けば聞くほど、新しい部活イメージがどんどん浮かんでくる。

いろいろな人の部活話に耳を傾けることは、私が部活研究を進めるうえでも、とても大切だった。

●

思い返すと、最も身近で私に部活話を聞かせてくれたのは、家族だった。

父は、中学時代に柔道部に入っていたと話してくれた。しかし、弱小校で、部員が足りないから、陸上部の友人に助っ人に来てもらって、やっとのこと試合に出場したらしい。

父は苦労人で、高校では部活に入らず何とか卒業だけはして、働きながら夜間定時制の大学に通った。だから父の人生にとって、部活の存在感は、それほど大きくない。「なんで部活の研究が重要なんか、さっぱりわからんわ」と言われてしまった。

母は、部活に燃えた青春を送り、程度が過ぎて燃え尽きたようだ。進学校の高校でも、学業成績は優秀だったが、ハンドボール部にのめり込み、周囲の反対を振り切って体育大学に進み、ハンドボールを続けた。なんと、4年連続大学日本一を達成したらしい。

しかし、勝利至上主義の嫌な部分を体験してしまったようで、いまは「スポーツなんて、へらへら楽しんでるくらいがちょうどええねん」と言っている。部活嫌いになったのかな、と思いそうになるが、そう単純ではない。私が「たかが部活」と言うと、母はカチンと来るらしい。

でも、私が「されど部活」と続けると、許してくれる。オカンの部活観はややこしい。

弟は、幸か不幸か運動神経が抜群で、サッカーで高校に進学した。県代表クラスの強豪高校でも、1年生から活躍し、さっそく、インターハイに出場した。しかし、順風満帆とはいかず、膝《ひざ》をケガして、手術とリハビリを余儀なくされた。復帰してはケガ、のくり返しだった。

スポーツ推薦で学校に入ると、スポーツができなければ、学校に居場所がなくなってしまう。「タフなメンタルで乗り越えろ」なんて説教するのは、ひどすぎる。すでに実家を離れていた私は、何の力にもなれなかった。弟は高校を退学した。

その後は、別の学校に通い直したり、だんじり祭りに精を出したりして、完治したのかどうかわからない膝で、いまもたまにサッカーをしている。

伯父《おじ》は、中学校の数学教師で、バレーボール部顧問だった。若い時は熱血指導でバレーボール部に入れ込んでいたようだが、息子が生まれてからは、部活はほどほどにして、家庭生活を大切にしていた。伯父はスポーツ万能なだけでなく、酒・タバコ・ギャンブルが好きで、麻雀も強かった。豪放で男らしい生き方に、私は憧れていた。

しかし、健康に無頓着《むとんちゃく》な性格が災いしたのか、働き盛りの最中に、急に倒れて亡くなった。葬儀には、担任を受け持った生徒とバレーボール部の教え子が、たくさん来た。私が部活研究を始める前のことだった。

叔母《おば》は、中学校の教師で、卓球部顧問だった。まさに命を賭けて卓球指導をしていた。独身だったこともあり、すべての時間を卓球部にそそいで、毎日が深夜帰り。給料も、用具費や遠征費や合宿費につぎこんでいた。夏の大会前になると、効果的な環境で練習をするため、エアコンの効いた地域の体育館を自腹で借り切っていた。全中にも出場したり、卓球専門誌にインタビューが掲載されたり、指導ビデオが販売されたりしていた。

そして叔母は、やっぱり働き盛りの最中に、がんで亡くなった。家族一同、過労がたたったと確信している。葬儀には、伯父の時と同じように、教え子がわんさか来た。前任校の卓球部員、前々任校の卓球部員も駆けつけてきた。私が部活研究を始めた頃だった。

祖母は、戦前生まれで、最終学歴は尋常《じんじょう》小学校卒。進学意欲はあったが、戦争は勉強を続けることを許さなかったようだ。だから祖母は、部活の経験はゼロで、思い入れも全くない。祖母にとって、学校といえば勉強第一だった。私が中学校でも高校でも部活をしていたら、「部活なんかせんでええから、勉強しいや」といつも言っていた。私が東大に入っても部活をしていたら、「あんた、まだ部活してんの？　アホちゃうか」と東大生に言ってきた。大好きな祖母からの小言《こごと》は、私にとって、いつまでも金言《きんげん》だ。私の部活研究を、祖母は極楽浄土から、どんなふうに眺めているだろう。

いまや私も、家族をつくる側になった。何を隠そう、私の妻は、部活大好き人間だ。私と出会う前の話だが、妻は中学時代、吹奏楽部に熱中し、サックスに魅了された。しかし、進学先の高校には吹奏楽部がなくて、がっくり落胆。その後、親の仕事の都合で転校すると、転校先の高校には吹奏楽部があった。しかし、途中入部は禁止で、またがっくり。

でも妻にとって、中学時代の部活は大切な思い出になっていて、部活が大好きだ。だから最近、部活のネガティブな問題が報道されるたび、「なんで部活がこんなに悪者《わるもの》になってるのよ！」と、私に向かって怒ってくる。まさか自宅でカミさん相手に、研究者ヅラしてえらそうに解説するわけにもいかないし、いつも私はたじたじになる。

本書の草稿がだいたいできあがってきた頃、名案を思いついた。妻に読んでもらおう。面と向かって解説するのは照れくさいが、出版前にぜひ読んでほしい。ベストセラーをねらうためにも、世間のママさん代表として、忌憚《きたん》なきご意見を頂戴《ちょうだい》したい。

そう思って妻に手渡した草稿は、結局、1ページも開かれることなく、いまもタンスの上に置かれている。オイ！

●

最後に、親としての思いも打ち明けていいだろうか。

子どもを3人授かった。まだ部活に入る年頃ではないが、最近は親としても「部活のこれから」が気になってくる。

そうか、だから、私は本書を書いたのかもしれない。本書を書いた私の動機は、研究者として社会問題を解決しよう、なんてカッコイイものではなく、きっとプライベートなあれこれが混じり合って、私を知らぬ間に突き動かしていたんだろう。その証拠になりそうな、家族エピソードをあとひとつだけ。

本書の結論的なメッセージは、「楽しむ力」を部活で育てよう、ということだった。私と妻は、「楽しむ」という言葉に、強い思い入れがある。人生を自由に楽しんでほしいと思って、長男（チビ2号）の名前を「楽《がく》」にしたのだ。

名づけの時、「楽」という漢字の由来を調べたら、一説によると、もともとは象形文字《しょうけい》らしい。木の上に、鈴が付いていて、左右のちょんちょんは鈴が発する音。鈴が楽しく鳴り響く、すると周りのみんなも楽しくなる、だから自分もみんなもさらに楽しくなってくる。そんな意味が込められた、とても素敵な字だと思う。

長男の楽も、長女も次女も、その友だちも、その他たくさんの子どもたちにとって、「部活のこれから」が希望に満ちあふれることを願ってやまない。

２０１６年大晦日　東伏見の研究室でコーヒーを飲みながら

中澤篤史

中澤篤史（なかざわ　あつし）

東京大学教育学部卒業、東京大学大学院教育学研究科修了、博士（教育学、東京大学）。

一橋大学大学院社会学研究科講師・准教授を経て、現在、早稲田大学スポーツ科学学術院准教授。

専攻は、身体教育学・スポーツ科学・社会福祉学。

主著は、『運動部活動の戦後と現在――なぜスポーツは学校教育に結び付けられるのか』（青弓社、2014年）。他に、*Routledge Handbook of Youth Sport*（Routledge、2016年、共著）など。

部活経験は、サッカー部とテニス部。

趣味は、コーヒーと囲碁、ほか多数。

装幀　鈴木 衛（東京図鑑）
カバーイラスト　黒須高嶺

そろそろ、部活のこれからを話しませんか
未来のための部活講義

2017年2月20日　第1刷発行

定価はカバーに表示してあります

著　者　中　澤　篤　史
発行者　中　川　　　進

〒113-0033　東京都文京区本郷2-11-9
発行所　株式会社　大月書店

印刷　三晃印刷
製本　中永製本

電話（代表）03-3813-4651　FAX03-3813-4656／振替 00130-7-16387
http://www.otsukishoten.co.jp/

ISBN978-4-272-41229-7　C0037　Printed in Japan